DE

L'ENSEIGNEMENT POPULAIRE

DE LA MUSIQUE

PAR

PAUL BOITEAU

PARIS

TYPOGRAPHIE DE FIRMIN DIDOT FRÈRES, FILS ET Cⁱᵉ

IMPRIMEURS, RUE JACOB, 56

1860

DE

L'ENSEIGNEMENT POPULAIRE

DE LA MUSIQUE

PAR

PAUL BOITEAU

PARIS

TYPOGRAPHIE DE FIRMIN DIDOT FRÈRES, FILS ET Cⁱᵉ

IMPRIMEURS, RUE JACOB, 56

1860

C.

L'ENSEIGNEMENT POPULAIRE

DE LA MUSIQUE

I.

Les questions d'enseignement ont une importance extrême, et ce n'est pas quand il s'agit de l'enseignement de la musique que cette importance diminue. Nous savons tous ce que le chant des voix humaines et des instruments exerce d'empire sur l'âme, et comment l'antiquité grecque, qui s'entendait à la culture des mœurs, faisait entrer la musique dans la politique même, et y recourait pour exciter ou discipliner les esprits des citoyens.

On a dû penser, de nos jours, que les idées nouvelles de fraternité, de concorde, d'organisation démocratique, seront merveilleusement servies par l'étude et l'emploi de la musique vocale, et l'art d'enseigner au peuple le chant est, depuis quarante ans déjà, sérieusement étudié en France. Au siècle dernier, les beaux esprits se préoccupaient de l'opéra, et il y avait de grandes batailles littéraires entre les partisans de la musique italienne et ceux de la musique française. Les Rousseau, les d'Alembert, les Diderot, les Grimm, les Arnaud, les Suard, les Marmontel, en prose et en vers, combattaient dans cette arène avec l'entrain de l'artiste et la magniloquence du philosophe. Aujourd'hui c'est un sujet à la mode que d'examiner par quels moyens nous arriverons le plus vite ou le plus sûrement à former partout des orchestres populaires.

L'opinion publique n'est pas indifférente à ce débat des

questions d'enseignement et de méthode, et l'on n'a pas à
s'excuser lorsqu'on vient donner son avis dans une contro-
verse si sérieuse et si intéressante.

II.

A la veille de la révolution de février, la question semblait
résolue. Près de trente années d'expériences avaient donné à
la méthode de B. Wilhem une autorité contre laquelle presque personne ne protestait [1]. C'était à qui, dans les journaux
et dans les salons, ferait l'éloge du maître et de la doctrine
qui lui avait si heureusement survécu. L'administration municipale de Paris était fière de la sollicitude avec laquelle elle
avait, dès le premier jour, encouragé, soutenu et récompensé
ses efforts. Elle n'épargnait rien pour appeler l'attention de
la haute société sur les merveilles de l'*Orphéon*, et quand venait le jour des grandes réunions de tous les chœurs des
écoles, les plus hauts personnages se disputaient l'honneur
d'y applaudir. La reine Amélie, la duchesse d'Orléans, le
comte de Paris, les ministres, se faisaient un devoir d'y as-
sister. Il semblait qu'un Amphion était descendu parmi nous
et qu'il bâtissait aux sons d'une lyre impérissable le temple
de la Concorde et de la Félicité publique. Le nom de Wilhem,
six ans après sa mort, resplendissait de cet éclat qui est le
juste salaire des bienfaiteurs de l'humanité. Un tel engouement,
pour être vif, n'était pas déraisonnable, et ce qui est éton-
nant, ce n'est pas qu'il ait pu se produire, c'est qu'il se soit
si vite éteint. Mais tant de vérités ont en ces temps-ci fait
naufrage qu'il ne faut pas si longtemps se lamenter sur la

---

[1] Je parlerai plus loin de M. Chevé et de son école. Sans doute il avait déjà
levé l'étendard de la révolte ; mais en ce moment il ne se flattait pas de vaincre
bientôt. La presse ne lui fournissait pas d'auxiliaires, si ce n'est, par principe, le
journal de la *Démocratie pacifique*, et, par fantaisie, ou pour avoir un bon air
d'opposition, *le Constitutionnel*, qui, le 25 février 1847, donnait un feuilleton bel-
liqueux de M. Fiorentino. M. Demoyencourt, dans le temps, lui a répondu simplement et sagement dans le *Bulletin de la Société pour l'instruction élémentaire*. Les
boutades de M. Fiorentino pouvaient plaire aux oisifs, mais elles ne jouissaient pas
d'un grand crédit.

fortune rapide et si fragile d'une de nos plus utiles institutions de pédagogie nationale. Nous ne pourrons la relever de son injuste ruine qu'en faisant l'histoire entière des événements au milieu desquels elle avait grandi et sous lesquels elle a été quelque temps ensevelie.

Il n'est que trop clair que si, en 1847, l'institution de la méthode Wilhem méritait tant d'éloges, aujourd'hui encore elle les mérite, et que ce n'est pas ce qu'il y avait alors en elle d'excellent, mais ce qu'il y a de mobile et d'incertain dans nos opinions, qui a changé.

Essayons de montrer que cela est ainsi. La tâche n'est pas difficile, et c'est une affaire de récit plutôt que de discussion.

III.

L'enseignement populaire de la musique n'existait pas chez nous avant 1789. Aucun autre enseignement populaire n'existait alors, et il a fallu que la Révolution se fît pour que l'on songeât à instruire les enfants du peuple. Il y avait, je crois, quatre ou cinq cents maîtrises en France, mais c'étaient des établissements purement religieux, et on ne s'y occupait que de former des enfants de chœur pour chanter proprement la messe et les vêpres dans les églises paroissiales et les collégiales. Après 1789, on eut d'abord à organiser l'enseignement de la lecture et de l'écriture, et bientôt on ne put même y vaquer. Le plus pressé était de chasser l'étranger du sol de la patrie. La République n'eut pas le loisir de se faire, comme elle le désirait, institutrice des générations nouvelles. L'Empire ne mit pas son honneur à jeter la lumière dans l'esprit des enfants de la foule. C'est en 1815 seulement, pendant les Cent-Jours, que Carnot put reprendre le grand programme de la Convention.

M. Jomard, le vétéran de notre fabuleuse expédition d'Égypte, avait été, en 1814, faire en Angleterre un voyage d'exploration morale. Il en avait rapporté la méthode d'enseignement de l'école de Lancaster, méthode d'origine française[1],

---

[1] C'est elle que le chevalier Paulet avait pratiquée, en 1791, à Vincennes et à la

qui sur la terre natale allait porter de si beaux fruits dans les écoles d'enseignement mutuel. Carnot chargea M. Jomard, au nom d'une commission, de fonder une école modèle. Ce fut l'*École normale élémentaire de la rue Saint-Jean de Beauvais*, ouverte peu à peu à trois cent vingt-cinq élèves qui vinrent y apprendre la lecture, l'écriture et le calcul.

La bataille de Waterloo venait de changer une fois encore les destinées de la France. Le gouvernement de la Restauration, à défaut d'honneur national et de gloire, devait du moins donner au pays les arts de la paix. L'instruction élémentaire allait commencer à fleurir.

IV.

A la distance où nous sommes de ces travaux des instituteurs et des éducateurs du peuple, nous ne comprenons plus la surprise et le plaisir avec lesquels on accueillait les premiers beaux résultats qu'ils obtinrent. On sentait mieux alors, pour en avoir été privé si longtemps, la valeur des bienfaits de l'instruction publique élémentaire.

M. Jomard conduisit Wilhem à l'école nouvelle. « L'esprit juste de M. Wilhem, dit-il [1], fut frappé du spectacle, jusque-là inconnu en France, de trois cents élèves observant le plus grand silence, s'instruisant mutuellement entre eux sans la participation directe du maître, étudiant sur des tableaux et sans livres, faisant tout à un signal donné, et tous dans un mouvement continuel, semblable au travail de la ruche, mais réglé par l'ordre le plus parfait. Son cœur généreux s'émut à cette idée touchante, que désormais la famille de l'indigent allait trouver dans l'école le meilleur et le plus sûr asile. »

Wilhem avait connu M. Jomard en 1806. Né à Paris en

caserne Popincourt ; c'est le principe de cette méthode que Monge avait mis en action en 1794, quand il organisa les travaux de la première École polytechnique.

[1] P. 17 de son *Discours* si instructif *sur la vie et les travaux de G.-L.-B. Wilhem*, prononcé à l'assemblée générale de la Société pour l'instruction élémentaire, le 5 juin 1842 (in-8°, 1842, Perrotin et Hachette, éditeurs).

1781, le 18 décembre, il accompagnait, à dix ans, son père à l'armée du Nord. Lui-même il a raconté, dans un écrit d'un naturel et d'un esprit charmants, quelle fut sa vie d'épreuves au milieu des épreuves de la patrie régénérée. L'an III le rend à l'étude; au mois de juillet il entre à l'école de Liancourt, où il se distingue dans les études mathématiques, et où, sans maître, il s'applique en même temps à l'étude et à la pratique de la musique. Ginguené, dans une tournée d'inspection, remarque cet enfant; on l'envoie à Gossec, qui dirigeait le Conservatoire de Paris, et il devient l'un de ses élèves de prédilection le 6 nivôse an VIII (27 décembre 1799).

En 1802 Wilhem est répétiteur de mathématiques au Prytanée de Saint-Cyr; au mois d'octobre de cette même année, on le charge d'enseigner aux élèves les principes de l'art musical.

En 1806 il se décide à venir à Paris pour y tenter la fortune dans la carrière de l'art. Aux quelques leçons qu'il rencontre il joint un travail régulier, fait sous la direction de M. Jomard, dans la grande entreprise de la publication du voyage d'Egypte. Déjà lié avec M. Pierre Lebrun, qui, à vingt ans, avait un nom, il fit alors la connaissance de Parny, et surtout celle de Béranger [1].

Les premières productions musicales de Wilhem furent bien accueillies. En 1810 il fut nommé professeur de musique (piano et harmonie) au lycée Napoléon, et dès lors, dans une maison d'éducation de jeunes filles, il s'occupait de trouver et de coordonner les éléments d'un enseignement collectif de la musique.

Aussitôt après que M. Jomard lui eut fait voir l'école lancastrienne de Paris, Wilhem se persuada que la musique y pouvait être enseignée comme la lecture et l'écriture; et il ne cessa, dès cet instant, d'étudier la marche qu'il fallait suivre pour créer, dans de telles conditions, un enseignement si délicat. Il ouvre bientôt chez lui, rue Saint-Denis, n° 374, une première petite classe; il en organise une seconde dans l'institution Lepître, dirigée alors par M. Guillet; il en forme une troisième, avec l'autorisation de M. de Chabrol, dans l'école

---

[1] V. le tome I de la *Correspondance de Béranger*.

communale que tenait, dans l'île Saint-Louis, l'instituteur Delahaye (1818).

Jeunes gens, adolescents, petits enfants, déjà bien des voix recevaient la première direction du maître. On faisait un essai au hasard, puis un essai plus heureux ; enfin l'on chanta un chœur, et une douce émotion fut la récompense de l'instituteur et de ses élèves.

C'était le moment où, de son côté, Alexandre Choron, reprenant l'œuvre des anciennes maîtrises, et, l'agrandissant, attirait l'attention du public sur sa méthode concertante [1]. Ces essais de Wilhem et les résultats d'un autre genre obtenus par Choron faisaient concevoir aux amis des arts l'espoir de voir naître en France un goût et des dispositions dont on nous accusait de manquer ; et le seul moyen pour donner de l'oreille et de la voix à une nation, c'était évidemment de commencer son éducation musicale dès les premières années d'école [2].

Alors fut faite au conseil d'instruction primaire du département de la Seine la première proposition relative à l'enseignement du chant [3]. Le 23 juin 1819, M. de Gérando proposa à la *Société pour l'Instruction élémentaire* de s'occuper sérieusement de cette question. A quelques jours de là il rencontre Béranger et lui parle de ces projets : « J'ai votre homme, dit le poëte : c'est Wilhem ! »

Béranger était depuis longtemps le confident de l'espoir et des tentatives de son ami. Il le détermina à saisir l'occasion qui était offerte et à ne rien négliger pour que sa méthode fût en état d'être officiellement mise en pratique. Il était sûr du caractère de l'instituteur, et, dès qu'une belle chose allait être tentée pour instruire et moraliser le peuple, il voulait qu'un homme de cœur en eût la charge.

[1] Organisée dès 1816.

[2] Aujourd'hui le chant est enseigné, à Paris, dans les salles d'asile même, et une petite méthode particulière, celle de M. Duchemin-Boisjousse, a été imaginée pour que la tendre voix des petits enfants y fût plus sûrement cultivée.

[3] Ce conseil était composé alors ainsi : M. le comte de Chabrol, président ; MM. le baron de Gérando, le comte de Laborde, le comte de Lasteyrie, l'abbé Gaultier, le duc de Doudeauville, le baron Delessert, Maine de Biran, et Jomard, secrétaire.

La *Société pour l'Instruction élémentaire* avait approuvé sur-le-champ la proposition de M. de Gérando et nommé une commission composée de MM. de Lasteyrie, Francœur et Jomard pour l'examiner. A la suite du rapport qui lui fut fait, elle décida qu'une leçon d'une heure serait donnée chaque jour dans l'école de la rue Saint-Ambroise. Wilhem se chargea gratuitement de ces leçons. Bientôt le préfet autorisa l'introduction provisoire de la nouvelle méthode dans la grande école de Saint-Jean de Beauvais. C'est là que Wilhem put enfin faire l'expérience approfondie qu'il avait tant à cœur de mener à bien. En peu de jours les procédés définitifs furent combinés dans l'ordre qui répondait à ses désirs [1], et l'enseignement mutuel de la musique fonctionna régulièrement. Le préfet s'assura par lui-même [2] des succès de Wilhem et en informa le ministre de l'intérieur, qui, bientôt après [3], vint honorer de sa présence les exercices de cette école d'enfants du peuple.

Wilhem fut alors nommé maître de chant à l'École polytechnique. Le 29 mars 1820, sur le rapport de Francœur, la *Société pour l'instruction élémentaire* écarta toutes les méthodes qui s'étaient présentées au concours et choisit celle de Wilhem. Wilhem, à la suite de ce vote, est nommé professeur titulaire des écoles de la ville de Paris, et l'enseignement populaire du chant est enfin fondé.

On peut suivre, dans les registres des délibérations du conseil d'instruction primaire du département de la Seine [4], quelles furent, en détail, les épreuves qu'eut à subir la nouvelle méthode avant d'être organisée définitivement et adoptée à l'exclusion des méthodes rivales.

Sans parler de Galin, les noms de Gabriel Nezot, de Choron, de Pavani, d'Imbibo, de Massimino, figurent dans les débats

---

[1] L'intonation était nettement séparée de la mesure ; l'escalier vocal, l'indicateur vocal, la main harmonique étaient inventés ; l'usage de la baguette était réglé.

[2] En septembre et octobre 1819.

[3] En octobre 1820.

[4] M. Jomard en a donné un extrait qui va du 21 juillet 1817 au 9 février 1824.

qui eurent lieu avant qu'un choix fût fait entre les procédés et les maîtres. Ce n'est point au hasard, et à la faveur de quelque recommandation puissante ou par suite de démarches ingénieuses, c'est après de nombreuses expériences et toutes sortes de comparaisons que la méthode Wilhem fut choisie. Quelques-uns des rivaux de Wilhem méritaient de voir apprécier leurs titres. Avec Galin et son invention du Méloplaste ou de la grande portée muette [1] appliquée à la notation musicale en chiffres, il y avait Choron et sa méthode concertante, Massimino et sa méthode d'enseignement simultané, Pastou et sa méthode mixte, et les différents professeurs de solfége et de chant du Conservatoire.

Choron [2] avait nettement séparé l'intonation de la mesure, et il avait cherché à graduer le mieux possible, en les isolant, les difficultés; mais son but était moins d'enseigner la musique à tout le monde que de préparer des sujets de choix pour la parfaite exécution de la musique religieuse. Massimino avait inventé l'usage des ardoises sur lesquelles se trouve une portée muette, et l'emploi du crayon pour écrire sur cette portée les dictées variées du maître. Après la dictée, venait le chant de chaque élève, puis le chant d'ensemble. C'était une bonne division du travail, mais le caractère de la mutualité n'était marqué nulle part dans cet enseignement.

Seule, la méthode Wilhem s'appliquait aisément à toutes les combinaisons et à toutes les manœuvres de l'enseignement

---

[1] Le *Méloplaste* (méthode inventée par Pierre Galin en 1817) est proprement un tableau composé des cinq lignes de la portée et des lignes additionnelles que l'on place en musique au-dessus ou au-dessous de la portée pour recevoir les signes des notes aiguës ou des notes graves. Ce tableau, sur lequel le professeur promène une baguette, sert à représenter, par une notation mobile, des intonations qui sont chantées par les élèves au fur et à mesure que les leur indique la place où l'extrémité de la baguette s'arrête. Cette méthode a pour but de dispenser d'apprendre les signes ordinaires de la musique et l'usage des clefs.

L'*Indicateur vocal* de Wilhem, à notes et à clefs mobiles, est un tableau (ou plutôt une planche oouverte de papier imprimé) qui représente une portée vide avec différents trous dans lesquels on place des figures de clefs et des notes, selon que le maître a besoin de s'en servir pour démontrer quel est l'emploi des clefs dans la transposition des chants d'une voix dans une autre.

[2] V. la comparaison que fait de ces méthodes M. Fétis, dans *la Musique mise à la portée de tout le monde* (section I, chapitre 9).

mutuel sans cesser d'être praticable avec fruit dans l'enseignement simultané. Elle réunissait d'ailleurs, dans l'ensemble de
ses procédés, presque tous les perfectionnements particuliers
des méthodes rivales. L'usage de l'*Escalier vocal*, de la *Main
harmonique*, de l'*Indicateur*, l'ordre et le choix suivi dans la
division et la distribution des études, lui assuraient le bénéfice
des avantages divers que pouvaient revendiquer le *Méloplaste*
de *Galin*, la méthode de Choron et celle de Massimino.

N'eût-elle pas offert cette réunion de qualités, elle répondait
seule au programme, si difficile alors à remplir, de la création
d'un enseignement mutuel de la musique.

« Il faut observer, disait Choron [1], que l'enseignement
mutuel proprement dit, celui dans lequel diverses classes
réunies dans un même local reçoivent simultanément des différents moniteurs une leçon différente, est un procédé impra-
ticable en musique, à cause de la cacophonie qui résulterait
de l'audition simultanée de plusieurs mélodies qui n'auraient
point de rapport entre elles. »

Choron ne pensait donc pas que le programme pût être
rempli. Wilhem a prouvé qu'il pouvait l'être, au grand profit
du maître et des élèves.

Comme on lui représentait que Galin pourrait un jour revendiquer pour la méthode du *Méloplaste* les avantages atta-
chés à l'*Indicateur vocal* de sa méthode, il écrivit (le 20 juin
1820) une lettre fort détaillée [2] au rédacteur du *Journal
d'éducation* pour y faire l'historique des divers essais qu'il
avait faits depuis plusieurs années afin d'arriver à donner au
public cet excellent instrument pédagogique.

---

[1] *Notes relatives à la publication de sa méthode concertante.*

[2] Voici un extrait de cette lettre qui montre quels étaient les titres et les droits
de Wilhem, et dans quel style simple il savait les maintenir :

« J'en étais là de cette partie de mes travaux, lorsqu'en 1818, quelque temps
après l'ouverture de ma classe dans l'institution de M. Isidore Guillet, le livre
nouvellement imprimé de M. Galin me fut communiqué. Je vis, par la lecture de
cet ouvrage remarquable, qu'en un seul point d'exécution nos méthodes étaient
communes, et qu'en tous les autres, elles étaient fort différentes sans être opposées.

« On me reprocha de m'être laissé devancer. Et, en effet, cette circonstance aurait pu m'être défavorable, si l'existence des procédés décrits ci-dessus n'eût été
avérée par le plein exercice de mes classes dans des établissements publics. »

Il a ailleurs, dans la préface d'un de ses écrits, le *Guide de la méthode*, publié pour la première fois en 1821, indiqué comment il entend que l'on compare les procédés et les détails de son système à ceux des autres méthodes, et de quelle manière il croit qu'on peut lui rendre justice [1].

[1] Les dernières lignes de cette préface doivent être transcrites ici, comme l'une de nos pièces justificatives :

« Je ne prétends pas avoir inventé ce qui se trouve dans *Sebalde Heyden* (dont l'ouvrage a été imprimé en 1537) et dans ses prédécesseurs, c'est-à-dire une portée sans notes composée de *dix* lignes, dont il extrait ensuite trois portées particulières de cinq lignes chacune, sous la dénomination de *pars systematis acuta* (clef d'*ut* sur la première ligne), *pars systematis media* (clef d'*ut* sur la troisième ligne), *pars systematis gravis* (clef de *fa* sur la quatrième ligne). L'extraction des petites portées tirées d'une seule grande a été également reproduite par J.-J. Rousseau lorsqu'il trace d'abord une portée de *douze* lignes. Mais cette idée n'est ni développée ni suivie dans ces auteurs, comme je l'ai fait avec *onze* lignes sur mes tableaux de principes (n° 15 à 20, 1re édition). Je n'ai pas inventé la *main harmonique* des anciens : on lit dans le père Mersenne que *les enfants avaient coutume de prononcer et de chanter les notes en* MONTRANT AVEC UN DOIGT LA PLACE DE CES NOTES *aux phalanges et à l'extrémité des doigts de l'autre main ;* mais j'ai substitué à ce moyen des *mains mélodiques* à côté desquelles j'ai eu le soin de rapporter la main harmonique. Je n'ai pas non plus inventé l'usage de la *baguette*, que les écoles d'enseignement mutuel ont accréditée en France dès 1815, et dont elles se servent pour faire étudier sur leurs tableaux, depuis les lettres isolées de l'alphabet jusqu'aux lignes et aux contours du dessin linéaire. On savait aussi depuis longtemps que la gamme est composée des deux tétracordes disjoints *ut, ré, mi, fa,* et *sol, la, si, ut,* semblables l'un à l'autre par la disposition de leurs intervalles, et pouvant par conséquent se chanter avec les mêmes noms de notes, comme cela se faisait en partie au temps du chant par *muances,* qui a précédé celui de l'invention du nom de la note *si.* Je n'ai pas inventé la notation en chiffres, étendue par Rousseau ; j'en ai pris seulement ce que les enfants savent partout : que huit personnes différentes peuvent se compter par 1, 2, 3, 4, etc.; que la première du rang peut s'appeler 1, la seconde 2, et ainsi des autres ; d'ailleurs *mon système d'objets sensibles à la vue* est diamétralement opposé aux abstractions qu'offre la numération comme moyen de représenter les intervalles musicaux.

« Mais je regarde comme appartenant à la méthode : la classification que j'y ai établie, le procédé des intervalles rendus sensibles à la vue par des *signes manuels ;* l'*Indicateur vocal,* qui a pour caractère distinctif ses *compartiments* diésés et bémolisés, et ses *clefs et notes mobiles* et *palpables,* caractère qu'aucun prédécesseur ne saurait réclamer ; les *mains mélodiques* et leur clef d'*ut,* sous forme d'anneau, qui les met en rapport avec le clavier général et l'*Indicateur vocal ;* les procédés d'analyse tracés sur les tableaux des *études de la mesure,* et l'idée de faire prononcer les noms de figures des notes, *ronde, blanche, noire,* les *dictées parlées* et simultanées avec le chant ; enfin je regarde, comme le propre de ma méthode, le système complet formé de tant de parties diverses.

C'est au commencement de 1821 que parut la première édition imprimée de la *Méthode de Wilhem*. Voici exactement sous quel titre l'auteur la publiait :

« MÉTHODE ÉLÉMENTAIRE ET ANALYTIQUE DE MUSIQUE ET DE
« CHANT, conforme aux principes et aux procédés de l'ensei-
« gnement mutuel, adoptée par la Société d'instruction élé-
« mentaire, dédiée à M. le comte Chabrol de Volvic, préfet du
« département de la Seine ; par B. Wilhem, directeur de l'é-
« cole-modèle de chant élémentaire, maître de chant selon la
« nouvelle méthode à l'École royale polytechnique, au Collége
« royal de Henri IV, etc. Publié en huit livraisons, et par
« souscription avec le *Guide musical*. Première édition. Paris,
« 1821. Environ 160 tableaux in-folio. Prix : 7 francs la li-
« vraison. Chez l'auteur, rue Saint-Denis, 374, et Colas, li-
« braire. »

La musique coûtait alors fort cher, et, dans le cas particulier où se trouve un enseignement dont on imprime les leçons
à mesure qu'on l'organise, il est difficile de régler la dépense.
C'était donc à plus de 50 francs que revenaient les 160 tableaux de la Méthode ; mais il suffisait d'un exemplaire pour
une école. La Méthode, telle qu'elle est imprimée à présent,
soit en volumes in-8°, soit en tableaux séparés, est devenue un
livre d'un caractère et d'un prix tout à fait populaires [1].

« Le procédé qui consiste à faire lire et prononcer en mesure, sans chanter, les
noms de notes *ut, ré, mi*, etc., n'est pas nouveau assurément ; mais il y manquait,
à mon avis, une première exécution analytique fort importante pour l'entière dé-
composition des éléments de la lecture musicale. En effet, il y a déjà deux opéra-
tions réunies quand, sans chanter, on prononce des notes à tel ou tel *temps*, parce
qu'elles ont une certaine figure, et qu'on les qualifie *ut, ré, mi*, parce qu'elles occu-
pent une certaine position sur la portée. C'est pourquoi, dans la première classe de
ma méthode, les premières figures de notes, rangées sur une seule ligne et n'offrant
par conséquent aucune idée d'intonation, se lisent en battant la mesure et en pro-
nonçant les noms de formes *ronde, blanche, noire*. »

[1] Voici, d'après ce qu'en dit Wilhem lui-même dans l'*Exposé sommaire* qu'il a
mis en tête du *Guide*, rédigé pour les maîtres, comment il explique le plan, la classification et la division de sa méthode :

I. *Plan de rédaction de l'ouvrage et classification de la méthode.*

« La méthode B. Wilhem a été conçue et rédigée d'après le principe d'ordre général, *une place pour chaque chose* et *chaque chose à sa place* : chaque chose,

La Méthode Wilhem, définitivement adoptée par la ville de Paris, s'améliora d'année en année, à mesure que les cours se

c'étaient les éléments épars de l'instruction musicale primaire; et *chacun*, on peut dire, ce sont les nombreux élèves qu'il s'agit d'instruire. Il faut donc envisager la méthode sous deux rapports : celui de sa composition didactique pour *chaque chose*, et celui de son application scolaire pour *chacun*.

« Sous le rapport de sa composition, l'ouvrage est rédigé de manière à ce que les deux principales difficultés de la lecture musicale, l'*intonation* et le *rhythme*, y sont présentées alternativement, seules ou réunies, dans une série de *tableaux progressifs* répartis entre *huit classes* ou degrés d'avancement. (En général, chaque tableau résume les études antérieures et prépare à des études subséquentes.)

« Sous le rapport de son application scolaire, la méthode est caractérisée : 1° par la simultanéité du travail d'élèves de forces musicales différentes dans une même salle, et par l'honorable mission qu'elle confère aux plus forts de faire étudier les plus faibles ; 2° par la bonne *exécution* de solféges et de chants à plusieurs parties, d'une même classe ou de classes différentes, sans aucun accompagnement instrumental.

« De la division rationnelle des matières et de leur répartition logique dans l'ouvrage doivent résulter la clarté et la sûreté de l'enseignement ; le classement exact des élèves, et la simultanéité du travail de tous dans la même salle, donnent à chacun d'eux la conscience de son propre degré d'avancement musical, et le désir de progresser vers les premiers rangs, ou de se maintenir à la place qu'il a méritée. C'est ainsi que dans une école, par l'enseignement qui vient d'être décrit, *chaque chose et chacun doivent se trouver à sa place*.

« Les procédés de la méthode ont été créés ou choisis, d'ailleurs, pour que tout y soit sensible à la vue, appréciable à l'esprit, et facilement transmissible du maître ou du moniteur aux élèves, et des élèves mêmes à leurs jeunes parents. (Voir les tableaux de l'*escalier vocal*, de la *lecture rhythmique des figures de notes*, du *chant sur la main*, de l'*Indicateur vocal* avec *clefs et notes mobiles*, etc.)

II. *Division de la méthode en deux cours gradués.*

« L'ouvrage est divisé en DEUX COURS GRADUÉS que l'on peut faire étudier séparément ou ensemble.

« Le 1ᵉʳ COURS, *enseignement primaire élémentaire* (tableaux 1 à 42), est formé d'abord des *huit classes* élémentaires dont les numéros d'ordre, IIᵉ classe, IIIᵉ classe, IVᵉ classe, indiquent l'intervalle musical de *seconde*, de *tierce* ou de *quarte*, qu'on y étudie spécialement (tableaux 1 à 22), et dans lesquelles on trouve les premiers exercices de lecture rhythmique, de solmisation et de chant ; après les tableaux de ces huit classes, vient une *deuxième division de la huitième classe*, ou 2ᵉ-VIIIᵉ, dans laquelle on revoit graduellement, et sous des formes mélodiques et rhythmiques plus variées, les intervalles déjà étudiés. Cette 2ᵉ-VIIIᵉ (tableau 23 à 42) conduit les élèves à la bonne exécution des chœurs religieux ou moraux publiés dans l'*Orphéon*. Par appendice aux études du 1ᵉʳ COURS, il y a deux tableaux de *plain-chant* pour l'application desquels on renvoie naturellement à la lecture courante des antiphonaires, des graduels et des autres livres de l'office noté. Ces deux ta-

renouvelèrent et que s'offrit à vaincre quelque difficulté de pratique.

En 1826, le 29 septembre, il fut décidé que ce ne seraient pas seulement quelques écoles, mais toutes les écoles municipales successivement qui recevraient le bienfait de l'enseignement musical. Wilhem, jusqu'à ce moment seul, eut un répétiteur régulier qu'il choisit lui-même : ce fut le premier de ses moniteurs généraux, le jeune Joseph Hubert, qui n'avait guère que quinze ans et à qui fut accordé un traitement de 1,200 francs.

Quand arriva la Révolution de juillet 1830, le chant était enseigné déjà dans dix écoles gratuites, et les mesures étaient prises pour qu'il le fût dans douze autres écoles. Le nouveau Gouvernement ne pouvait être moins favorable que celui de la Restauration à l'extension de l'enseignement public. Wilhem comprit qu'une ère nouvelle commençait pour l'apostolat auquel il s'était voué ; il imagina bientôt l'*Orphéon*.

C'est le 17 mai 1829 que pour la première fois il avait réuni ses élèves des diverses écoles, pour leur faire chanter des morceaux d'ensemble et s'assurer positivement du plus ou moins d'étendue des résultats auxquels il pouvait atteindre. Mais ce n'était là qu'une réunion accidentelle [1].

Le 1er octobre 1833, Wilhem commença, dans le passage Pecquet, les réunions mensuelles de l'*Orphéon*. A la fin de 1835, il se sentit sûr de son œuvre et s'adressa au Comité central, qui, le 26 novembre 1835, vota un règlement pour la te-

bleaux sont indispensables pour les écoles de village, où l'instituteur et les élèves remplissent ordinairement les fonctions de chantres.

« Le SECOND COURS, *enseignement primaire supérieur* (tableaux 43 à 73), contient la 3e-VIIIe CLASSE. C'est un cours complémentaire et de perfectionnement pour chacune des études du premier cours ; conséquemment il mène les élèves à la lecture correcte et rapide de toutes les difficultés de la *mesure* et de l'*intonation*.

« Ainsi donc en résumé : PREMIER COURS à l'usage des *écoles primaires élémentaires* et des élèves qui commencent la musique dans les colléges, les institutions de l'Université et les cours publics de chant : DEUXIÈME COURS pour faire suite immédiate aux études du premier cours dans les *écoles primaires supérieures*, et dans les autres établissements d'instruction publique. »

[1] V. dans le *Moniteur* du 11 mars 1845, l'article de M. Boulay (de la Meurthe) sur les séances de l'*Orphéon* des 2 et 9 mars.

nue des réunions d'Orphéon [1]. La première réunion générale du véritable Orphéon eut lieu le 28 février 1836. Il n'y a eu que neuf de ces réunions jusqu'à l'époque de la mort de Wilhem, arrivée le 26 avril 1842.

Le 1er novembre 1834, le ministre de l'Instruction publique avait décidé que 200 écoles primaires de France seraient dotées des tableaux de la méthode Wilhem.

En 1838, l'Université adopta officiellement cette méthode et plaça le chant sur le programme des études de toutes les écoles de l'instruction élémentaire [2].

Le 24 juillet 1839, sur le rapport de MM. Chérubini, Berton, Auber, Halévy et Carafa, l'Académie des Beaux-Arts l'avait approuvée. Mais, avant de dépasser l'époque à laquelle mourut le créateur de tout ce mouvement fécond, achevons d'inscrire ici les dernières dates de son histoire.

Le 6 mars 1835, le Conseil municipal de Paris, sur un excellent rapport de M. Boulay (de la Meurthe), arrête que le chant sera enseigné dans trente nouvelles écoles, et il nomme Wilhem directeur-inspecteur général de l'enseignement. Le 30 avril, il est décoré de l'ordre de la Légion d'honneur.

Le 18 février 1839, il est délégué, par le ministre de l'instruction publique, pour l'inspection de l'enseignement universitaire du chant. En 1841 et au commencement de 1842, sa méthode est introduite dans les écoles des Frères et dans une partie des écoles des Sœurs.

Le 19 avril 1842, il est atteint d'une fluxion de poitrine; il meurt le 26 avril au soir, et l'on voit se presser à ses funérailles, avec des milliers de ses élèves du peuple, toute la pompe officielle qui accompagne d'ordinaire au champ du repos la dépouille des citoyens illustres [3].

---

[1] Ce règlement a été approuvé par le Conseil royal de l'instruction publique, les 8 mars et 11 novembre 1836; il a été revu par le Comité central le 14 décembre 1843.

[2] De toutes parts se manifestaient les bienfaits de la méthode. Les docteurs Trélat et Leuret en ont fait l'emploi le plus inattendu et le plus heureux à la Salpêtrière et à Bicêtre. Les pauvres aliénés des deux sexes en ont retiré une distraction puissante et ont pu chanter à l'église des morceaux de musique qui offraient d'assez grandes difficultés d'exécution.

[3] Un trait qui peint Wilhem se trouve cité dans la notice que lui a consacrée M. Trélat, peu de temps après sa mort :

Si c'eût été le professeur seulement, et non pas la méthode, fruit de ses veilles, qui eût produit les résultats admirés alors par tout le monde, une fois Wilhem mort, l'enseignement du chant aurait péri. Il ne fit, au contraire, que prospérer chaque jour davantage.

C'est à l'éclat jeté par les grandes réunions orphéoniques[1] qu'est due en partie la renommée de la méthode et la faveur que le

« Un personnage haut placé lui dit un jour que le roi désirait entendre ses élèves, et lui demanda s'ils ne pourraient pas venir chanter à un concert, sous les fenêtres des appartements royaux. Le digne professeur sentit battre son cœur. « Mes élèves, répondit-il, ne m'appartiennent pas ; je n'ai d'autorité sur eux que dans ma classe ; c'est là que le roi pourra les entendre, s'il veut bien nous y honorer de sa visite. »

Les ouvriers de Paris savaient quel était le caractère de leur maître, et, dans l'habileté de son enseignement, ils devinaient l'estime qu'il avait pour le peuple et la sollicitude avec laquelle il voulait élever leur intelligence et consoler leurs misères. Aussi ont-ils gardé pieusement son souvenir, et ce n'est pas eux, quelque effort qui ait été fait pour leur faire oublier leur premier maître, que l'on peut accuser d'ingratitude envers lui.

Un autre trait de sa vie, d'un tout autre genre, mais digne encore d'un instituteur populaire, c'est quand il supprima, presque au sortir de l'imprimerie, la seconde édition de sa méthode, composée et tirée alors à ses frais, parce qu'il venait de découvrir un enchaînement de leçons plus rigoureux et de nouvelles ressources d'enseignement.

Wilhem n'avait pas été, même après que sa méthode fut adoptée, sans soutenir bien des luttes et sans avoir à surmonter des obstacles. Lorsqu'il vit pour la première fois M. Orfila, devenu le plus considérable des membres de l'administration municipale dans les affaires de chant, il fut reçu froidement et revint découragé, avec le pressentiment de quelque danger qui menaçait son œuvre. C'est que M. Orfila espérait alors trouver en Allemagne les éléments d'une méthode préférable, et qu'il songeait à les réunir lui-même en un corps de doctrine. Peu après il revit Wilhem et lui dit : « Je suis enchanté de votre méthode ; j'en avais presque achevé une, je vais la jeter au feu. Vous avez su tout prévoir. »

[1] Il y eut un *Orphéon* militaire à côté du grand Orphéon civil de Paris. Chargé, en 1839, de désigner une méthode au ministre de la guerre, M. Carafa avait suivi les cours de Wilhem et indiqué son enseignement. Peu après, la méthode Wilhem fut pratiquée dans les régiments. M. Hubert, quand Wilhem ne fut plus là, continua cette partie de l'œuvre de son maître. Il instruisit les chefs de musique qui, à leur tour, instruisirent leurs soldats. Le 15 octobre 1843, après cinq mois de leçons, 385 exécutants de la garnison de Paris furent réunis à l'improviste devant l'autorité supérieure, et le succès de cette réunion fut si remarquable que le ministre de la guerre écrivit une lettre à M. Hubert pour le féliciter et le remercier.

Vers la même époque (en avril 1843), trois cours de 12 leçons furent fondés à Paris pour former des maîtres civils.

public de toutes les classes ne cessa d'accorder jusqu'en 1848, à l'institution des écoles de chant.

Voyant dès les premières de ces réunions que les voix de basses manquaient à de semblables concerts, Wilhem, le 18 juin 1836, fit ouvrir, sous les auspices de la Société pour l'instruction élémentaire, avec l'aide de son premier élève Hubert et d'un autre répétiteur, aussi son élève, M. Pauraux, des classes pour les adultes, chez les frères de la rue Montgolfier. En avril 1837, ce cours, qui dès le commencement obtint du succès, fut transporté dans l'école de la Halle aux Draps. M. Hubert n'a cessé de le faire qu'en 1842, au moment où, Wilhem étant mort, et lui-même devenant le chef de l'enseignement municipal du chant, il fut remplacé dans ses fonctions par M. Foulon.

Le nombre des élèves ne cessa d'y croître, et jamais aucun désordre ne troubla cette école d'hommes qui venaient volontairement s'instruire après le travail du jour.

Le 9 mai 1837, le cours d'adultes de M. Hubert comptait 110 élèves; il en comptait 123 le 23 mai. Puis successivement, le 17 mars 1838, 160; le 5 juin, 200; le 31 juillet, 220, divisés en 37 groupes. En juin 1839, le nombre était plus que doublé (469 chanteurs) et il s'élevait jusqu'à 570 le 20 novembre 1840.

C'était cette école d'hommes faits, que nulle discipline ne retenait, si ce n'est le charme de l'étude, que visitaient à l'envi tous ceux qui s'intéressaient ou devaient s'intéresser à des exercices d'une telle nature et d'une si grande importance. Les plus illustres maîtres de la musique y sont venus et ils y ont tour à tour, sur le registre du professeur, exprimé les sentiments que leur inspirait le spectacle dont ils étaient témoins. Nous ne voulons citer ici que quelques noms qui se rattachent plus particulièrement à l'histoire de l'enseignement du chant. C'est un jour M. d'Ortigues qui se déclare « ravi » ; c'est M. Panseron, lui-même auteur d'une Méthode élémentaire et l'un des maîtres du Conservatoire, qui interroge les élèves sur tous les points importants de la Méthode; c'est M. Rodrigues (1840), qui avoue son enchantement; c'est M. Ed. Monnais, un autre jour, ou bien M. Zimmermann, qui écrit que les choristes qu'il a entendus sont parfaits, ou bien M. Gounod, devant qui l'on exécute, entre autres belles choses, l'*Andante du Jeune Henri*, et qui ajoute à sa signature ces mots significatifs : « Hommage d'admiration ».

Parmi ces visiteurs il y avait beaucoup d'étrangers : par exemple M. Hullah, qui vint à l'école de la Halle aux draps le 18 janvier 1840, et qui, dès l'année suivante, publia à Londres une traduction de la méthode, aux frais du *Council on Éducation*. Trois années auparavant, en 1837, le *Mechanic Institut* de Liverpool avait adopté déjà le système de Wilhem.

L'exemple de la ville de Paris n'était pas seulement suivi par les grandes cités étrangères. La plupart des villes de France adoptèrent pour leurs écoles la méthode que le choix de Paris et de l'Université tout entière leur recommandait [1]. C'est ainsi que s'est peu à peu propagé dans tout notre pays le goût de la musique et des réunions chorales. La méthode Wilhem n'a été imposée nulle part, elle a été réclamée partout ; et l'Orphéon de Paris a donné naturellement naissance à une foule d'autres Orphéons qui sont aujourd'hui aussi florissants que possible [2].

La dernière réunion orphéonique dirigée par Wilhem comptait 600 exécutants. En 1843 il y eut 713 voix réunies, il y en eut 704 en 1844, 1,007 en 1845.

En 1846, l'émulation fut si grande que 1,621 élèves des écoles furent inscrits sur les listes des chanteurs dignes de porter le nom d'orphéonistes. La salle du Cirque des Champs-Élysées, où se tenaient les grandes séances, se trouva trop petite pour contenir un semblable orchestre ; on alla au Panthéon interroger la coupole, elle resta muette ; on songea à se réunir soit dans la cour de la Sorbonne, couverte d'un vitrage, soit dans la cour du Louvre. Aucun de ces lieux ne put être adopté, et comme on ne pouvait exclure aucun des membres de l'Orphéon

---

[1] D'humbles villages furent heureux d'imiter les villes. Les notions de plain-chant qui terminent le premier cours de la méthode assuraient aux petites paroisses un orchestre pour les cérémonies de l'église.

[2] On a vu l'année dernière 6,000 orphéonistes accourir à Paris de tous les coins de la France. 3,000 de ces chanteurs vont, le mois prochain (juin 1860), traverser la Manche pour aller à Londres inaugurer le grand concert européen.

plutôt qu'un autre, il fallut se résigner, cette fois, à ne pas avoir de fête. Ce fut un grand chagrin pour 1,600 familles.

En 1847, des mesures ayant été prises pour rendre plus difficile à obtenir le titre d'orphéoniste, il n'y eut que 1,066 chanteurs inscrits [1] et la réunion put se faire dans le Cirque des Champs-Élysées. Jamais cette solennité n'avait été plus brillante [2].

M. Hubert fut décoré, comme l'avait été Wilhem, et nommé professeur de. chant du comte de Paris. La duchesse d'Orléans avait demandé pourquoi on ne faisait pas exécuter par ces belles masses de voix populaires des hymnes ou des chants patriotiques choisis parmi les poëtes « chers à la France, comme Béranger, » ce fut l'expression qu'elle employa. Aussitôt le ministre de l'Instruction publique avait nommé une commission pour choisir des morceaux et ouvert un concours. Cinq cents concurrents y produisirent 1750 partitions, sur lesquelles on en réserva 287. L'avenir paraissait alors si beau à tout le monde, et les succès de la méthode Wilhem avaient si vivement passionné l'administration et le public, que l'on projeta de construire pour les futures réunions orphéoniques une grande salle capable de contenir 8,000 personnes.

V.

Madame de Motteville, en commençant à parler de la Fronde, dit que ce fut un coup de tonnerre dans un ciel serein. La révolution de 1848, qui, brusquement, a fait tant de bien et assez de mal, a particulièrement desservi la méthode Wilhem ; et, à la rigueur, on comprend qu'il en devait être ainsi. L'œuvre de Wilhem avait conquis à plusieurs reprises l'approbation des pouvoirs constitués. La reine était venue avec sa belle-fille et son petit-fils à la dernière séance de l'Or-

---

[1] Partagés à peu près ainsi : 550 voix d'hommes, 350 voix de garçons, 200 voix de jeunes filles.

[2] Il n'est pas indifférent de noter le montant des frais de ces fêtes. En 1843, les deux séances coûtèrent 137 fr. 20 c.; en 1844, 140 fr. 45 c.; en 1845, 160 fr.; en 1847, 178 fr. 85 c.

phéon. Il n'en fallait pas davantage pour lui donner un caractère officiel, et, en temps de révolution, le malheur de l'esprit humain veut qu'il critique et détruise indistinctement, s'il le peut, tout ce qui, de près ou de loin, semble se rattacher au principe qu'il combat. La méthode Wilhem avait d'ailleurs, un vigoureux adversaire qui depuis longtemps attendait l'occasion de la porter en terre : c'était M. Émile Chevé, l'héritier, conjointement avec M. Paris, de cette doctrine du Méloplaste de Galin, qui n'avait été, ni en 1819, ni en 1835, ni en 1838, préférée à celle de Wilhem. La méthode de Wilhem fonctionnait officiellement : la méthode Galin-Paris-Chevé fut donc la méthode nouvelle, la méthode démocratique, révolutionnaire; et, puisque l'heure était venue de l'être, la méthode de musique républicaine. La méthode de Wilhem était fondée sur le système de la notation usuelle qui est incontestablement préférable à toute autre ; la méthode Galin-Paris-Chevé fut donc la méthode de la notation chiffrée dont personne ne parlerait, si J.-J. Rousseau ne s'était mêlé de la vanter au dix-huitième siècle.

M. Chevé n'aime pas qu'on appelle son école l'École du chiffre ; il dit que le chiffre n'est quasi rien dans la méthode qu'il enseigne ; mais il dit cela pour parler, et toute sa méthode a pour but de détruire la notation vulgaire. Il n'en faut produire pour preuve que quatre ou cinq lignes de sa brochure, le *Dernier Mot de la science officielle*[1], qui est datée du 11 mai 1858.

« Vous vous êtes trouvé, dit-il à M. Halévy, auteur des *Leçons de lecture musicale*, dans un cercle vicieux : en suivant la logique, vous condamniez votre écriture ; en conservant votre écriture, vous brisiez avec la logique. Vous avez sacrifié la logique à la routine pour conserver votre écriture. Nous, nous avons fait le contraire. Qui a tort? qui a raison? »

Après une telle déclaration, il est difficile que M. Chevé ne permette pas qu'on appelle la méthode Galin-Paris-Chevé *la méthode du chiffre*.

---

[1] Page 28. Depuis que cet écrit est mis en pages, j'ai lu la dernière brochure de M. Chevé, intitulée : *Simple réponse*. Si j'en avais eu plus tôt connaissance, j'aurais eu à faire ici quelques petits changements de détail. Mais peu importe : ce n'est pas contre M. Chevé, c'est pour Wilhem que j'écris.

VI.

Puisque c'est la renommée de Jean-Jacques Rousseau qui a fait la petite fortune de la notation chiffrée, il est essentiel de bien savoir ce qu'il en a dit :

Dans son *Projet concernant de nouveaux signes pour la musique, lu à l'Académie des sciences le* 22 *août* 1742, voici comment il s'exprime :

« Ce système renferme, sans contredit, des avantages essentiels par-dessus la méthode ordinaire.

« En premier lieu la musique sera du double et du triple plus aisée à apprendre :

« 1° Parce qu'elle contient beaucoup moins de signes ;

« 2° Parce que ces signes sont plus simples ;

« 3° Parce que, sans autre étude, les caractères mêmes des notes y représentent leurs intervalles et leurs rapports, au lieu que ces rapports et ces intervalles sont très-difficiles à trouver, et demandent une grande habitude par la musique ordinaire ;

« 4° Parce qu'un même caractère ne peut jamais avoir qu'un même nom ; au lieu que, dans le système ordinaire, chaque position peut avoir sept noms différents sur chaque clef, ce qui cause une confusion dont les écoliers ne se tirent qu'à force de temps, de peine et d'opiniâtreté ;

« 5° Parce que les temps y sont mieux distingués que dans la musique ordinaire, et que les valeurs des silences et des notes y sont déterminées d'une manière plus simple et plus générale ;

« 6° Parce que, le mode étant toujours connu, il est toujours aisé de préluder et de se mettre au ton : ce qui n'arrive pas dans la musique ordinaire, où souvent les écoliers s'embarrassent ou chantent faux, faute de bien connaître le ton où ils doivent chanter.

« En second lieu, la musique en est plus commode et plus aisée à noter et occupe moins de volume ; toute sorte de papier y est propre, et les caractères de l'imprimerie suffisant pour la noter, les compositeurs n'auraient plus besoin de faire de si grands frais pour la gravure de leurs pièces, ni les particuliers pour les acquérir.

« Enfin, les compositeurs y trouveront encore cet autre avantage non moins considérable, qu'outre la facilité de la note, leur harmonie et leurs accords seraient connus par la seule inspection des signes, et sans les sauts d'une clef à l'autre qui demandent une habitude bien longue, et que plusieurs n'atteignent jamais parfaitement. »

L'Académie n'ayant pas fait grand accueil à la nouvelle méthode de notation, Jean-Jacques, qui n'avait que trente ans, voulut en appeler au public; il écrivit sa *Dissertation sur la musique moderne*, et il dit dans sa préface :

« Le système que je propose roule sur deux objets principaux : l'un, de noter la musique et toutes ses difficultés d'une manière plus simple, plus commode, et sous un moindre volume.

« Le second, et le plus considérable, est de la rendre aussi aisée à apprendre qu'elle a été rebutante jusqu'à présent, d'en réduire les signes à un plus petit nombre, sans rien retrancher de l'expression, d'en abréger les règles de façon à faire un jeu de la théorie, et à n'en rendre la pratique dépendante que de l'habitude des organes, sans que la difficulté de la note y puisse jamais entrer pour rien.

« Il est aisé de justifier par l'expérience, qu'on apprend la musique en deux et trois fois moins de temps par ma méthode que par la méthode ordinaire; que les musiciens formés par elle seront plus sûrs que les autres à égalité de science; et qu'enfin sa facilité est telle, que quand on voudrait s'en tenir à la musique ordinaire, il faudrait toujours commencer par la mienne pour y parvenir plus sûrement et en moins de temps. »

Dans son *Dictionnaire de Musique*, à l'article *Notes*, il revient encore sur son sujet, et s'applique à démontrer les imperfections de la notation ordinaire.

« Les musiciens, il est vrai, dit-il, ne voient pas tout cela; l'usage habitue à tout : la musique, pour eux, n'est pas la science des sons; c'est celle des noires, des blanches, des

croches, etc. Dès que ces figures cesseraient de frapper leurs
yeux, ils ne croiraient plus voir de la musique : d'ailleurs ce
qu'ils ont appris difficilement, pourquoi le rendre facile aux
autres? »

Mais ce même *Dictionnaire de Musique*, publié en 1768, à
l'article *Caractères*, contient cet aveu dont il faut évidemment
tenir plus de compte que des éloges que l'auteur a donnés
ailleurs à une idée qu'il a caressée si longtemps :

« Comme ces signes ont de grands défauts, plusieurs ont
tenté de leur substituer d'autres notes : de ce nombre ont été
Parran, Souhaitty, Sauveur, Dumas et moi-même. Mais
comme au fond tous ces systèmes, en corrigeant d'anciens
défauts auxquels on est tout accoutumé, ne faisaient qu'en
substituer d'autres dont l'habitude est encore à prendre, je
pense que le public a très-sagement fait de laisser les choses
comme elles sont, et de nous renvoyer, nous et nos systèmes,
au pays des vaines spéculations. »

Ce qui a le plus efficacement servi à refroidir le goût de
J.-J. Rousseau pour la notation si aride à l'œil et si peu parlante
des chiffres, c'est une remarque qui lui fut faite par le grand
musicien Rameau. Il s'en explique dans ses *Confessions* (partie ii, livre 7).

« La seule objection solide qu'il y eût à faire à mon système y fut faite par Rameau. A peine le lui eus-je expliqué
qu'il en vit le côté faible. « Vos signes, me dit-il, sont très-
« bons en ce qu'ils déterminent simplement et clairement les
« valeurs, en ce qu'ils représentent nettement les intervalles
« et montrent toujours le simple dans le redoublé, toutes
« choses que ne fait pas la note ordinaire; mais ils sont mau-
« vais en ce qu'ils exigent une opération de l'esprit, qui ne
« peut toujours suivre la rapidité de l'exécution. La position
« de nos notes, continua-t-il, se peint à l'œil sans le secours
« de cette opération. Si deux notes, l'une très-haute, l'autre
« très-basse, sont jointes par une tirade de notes intermé-
« diaires, je vois du premier coup d'œil le progrès de l'une à
« l'autre par degrés conjoints; mais pour m'assurer chez vous
« de cette tirade, il faut nécessairement que j'épelle tous vos
« chiffres l'un après l'autre; le coup d'œil ne peut suppléer à

« rien. » L'objection me parut sans réplique [1], et j'en convins à l'instant. »

Il ne sert à rien de prétendre que J.-J. Rousseau a, dans d'autres passages de ses œuvres, parlé avec de nouveaux éloges de la méthode qui lui tenait tant à cœur. Il l'a fait, cela est vrai, au livre II de l'*Émile* et dans sa *Lettre à M. le docteur Burney;* mais l'*Émile* a été composé de 1757 à 1761, et la *Lettre à M. le docteur Burney* en 1766. Les *Confessions* ne sont que de 1767.

J.-J. Rousseau a donc nettement condamné sa propre tentative. Ceux qui l'ont reprise n'ont fait que ressasser les arguments qu'il leur a fournis dans ses premiers écrits [2].

Ce n'est pas même Rousseau qui a le premier voulu réformer la notation usuelle. Avant lui, en 1677, le Père Sou-

---

[1] M. Chevé n'est pas si accommodant. Il dit dans un endroit de son *Coup de grâce :* « Je serais bien aise d'apprendre comment les dièses et les bémols de l'armure, qui n'agissent que par convention sur des barreaux où ils ne sont point écrits, peignent l'idée à l'œil qui ne les voit pas? Comment l'*ut* double dièse peint à l'œil un son plus aigu que le *mi* double bémol, écrit une tierce au-dessus? Comment l'écriture sur la portée peint aux yeux les intervalles majeurs et les intervalles mineurs qu'elle présente pêle-mêle, sous un aspect identique? Comment les changements de clef peignent l'idée à l'œil, quand une note écrite une octave au-dessous d'une autre représente cependant un son d'une octave plus aigu qu'elle? » Ces critiques n'ont en réalité aucun sens.

[2] M. Fétis disait, en 1847 (dans la 3ᵉ édition, p. 63, de *la Musique mise à la portée de tout le monde*) :

« Chose singulière! un langage à peu près semblable, tenu par tous les réformateurs, depuis près de cent cinquante ans, n'a pas trouvé de contradicteurs. Les musiciens eux-mêmes ont fait bon marché de cette notation, dont ils se servent tous les jours sans embarras; et la seule objection qu'on a opposée aux critiques a été qu'il était impossible de refaire tout d'un coup l'éducation musicale de tous les artistes et de tous ceux qui lisent la musique par la notation ordinaire; enfin qu'une réforme complète anéantirait toute la musique notée par les procédés ordinaires. Ces objections font très-bien comprendre ce qui doit s'opposer au succès d'une notation nouvelle, et ce qui rend impossible son adoption; mais n'y avait-il pas de réponse solide à faire aux allégations? »

Cette réponse a été faite récemment dans la brochure : *Observations de quelques musiciens et de quelques amateurs sur la méthode de musique de M. le docteur Émile Chevé,* qui passe pour être écrite par M. Gide, qui est signée : Auber, Carafa, Clapisson, Ermel, Victor Foucher, Gide, Gounod, F. Halévy, Jomard, général Mellinet, Édouard Monnais, Niedermeyer, E. Rodrigues, Ambroise Thomas, Varcollier, Berlioz, Dietsch, G. Kastner, d'Ortigue, Pasdeloup, Bazin, et qui a été, depuis, contre-signée par MM. Meyerbeer et Verdi.

haitty, moine franciscain, avait entrepris la réforme [1] au moyen du chiffre. D'autres ont recouru aux lettres de l'alphabet, qui sont encore plus désavantageuses : ainsi Sauveur, de l'Académie des Sciences, de l'Aulnaye (1785), Paterson. D'autres ont imaginé des signes arbitraires, c'est-à-dire quelque chose de pis que les lettres.

La vérité est que si la notation ordinaire, qui date de si loin et qui n'a pu être conçue tout d'un coup dans tous ses détails, présente un certain nombre d'imperfections dont on peut vouloir la dégager, chaque siècle l'a corrigée et régularisée peu à peu. C'est surtout depuis deux cents ans que le progrès y est sensible, et il n'est pas impossible de l'améliorer. Fût-elle plus imparfaite encore, l'avantage qu'elle présente de peindre aux yeux les sons et leur enchaînement, de leur offrir d'avance, par la figure, tout le sens musical des traits et des phrases, cet avantage est si considérable, et il serait si pénible de s'en passer, qu'aucun système nouveau n'a la moindre chance de la remplacer jamais.

Le chiffre ne peut guère servir que comme Rousseau à la fin l'employait : en guise de sténographie musicale, et pour prendre chez soi des notes rapides.

Tout au plus, et c'est ainsi qu'il a été utilisé en Allemagne par Zeller et Natorp, servira-t-il à noter les chants des petites écoles d'enfants qui n'apprendront jamais la musique, et à qui l'on veut faire psalmodier des cantiques en même temps qu'on leur enseigne la lecture, l'écriture et les éléments de l'arithmétique.

VII.

M. Chevé, cela ne fait pas un doute, a cru que la méthode de son maître Galin était de tout point admirable, que c'était l'instrument unique de la propagation des idées musicales parmi le peuple, et qu'il fallait, coûte que coûte, faire prévaloir ses principes sur toutes les méthodes de l'ancien système. Il ne s'est pas arrêté là : en même temps qu'il a voulu propager

---

[1] Pour trois octaves : J.-J. Rousseau a été jusqu'à cinq.

l'enseignement du chant, il a décidé qu'il réformerait toute la musique. Une fois engagé dans la lutte qu'il entreprenait avec une conviction ardente et un superbe espoir, il n'a vu dans les difficultés d'un tel combat que des piéges, dans les impossibilités du succès que des conjurations de ses adversaires. Au lieu de reculer un peu et d'examiner de sang-froid s'il ne s'engageait pas, lui et son école, dans une impasse, il a cru l'heure propice pour donner à son rôle d'instituteur le caractère de l'apostolat démocratique, et, oubliant que l'œuvre de Wilhem est tout aussi démocratique que la sienne, il l'a combattue comme une œuvre de corruption. Une fois pris le ton déclamatoire, il a fallu que chaque jour, pour émouvoir et enflammer ses adeptes ou inquiéter ses adversaires, il ajoutât la menace à l'injure. Ce n'est plus à la méthode seulement, c'est aux individus qu'il s'est attaqué, et il l'a fait avec une verve de mauvais ton et un débordement d'injustice qui aurait perdu la meilleure cause.

M. Chevé, avec son caractère et ses moyens, est le premier professeur du monde pour l'enseignement populaire. Que n'a-t-il déployé tant d'énergie et une si heureuse science des grands auditoires au service des idées justes! Il eût pu, si son ambition l'y poussait, jouer le rôle de dominateur et de régulateur, aussi bien dans l'application de l'ancien système que dans la propagation du sien. Mais non! sa conscience lui a imposé le devoir de fonder une doctrine, et d'abord de faire abandonner par l'administration de la ville de Paris la méthode qu'elle avait si fort encouragée et dont elle était si fière. M. Chevé a obtenu ce qu'il désirait : la méthode Wilhem n'est plus enseignée dans les écoles municipales; la méthode Halévy l'y remplace. C'est bien certainement lui qui est cause de ce changement, et voici comment il est arrivé à détrôner son rival, au très-grand préjudice de l'enseignement public et sans nul profit pour lui-même.

En 1836 M. le docteur Chevé, ancien chirurgien de marine, décoré à vingt-six ans pour d'éclatants services rendus à la colonie du Sénégal, était à Paris préparateur des aspirants aux deux baccalauréats et aux examens de l'École de Médecine [1].

---

[1] Ces renseignements se trouvent dans une réponse faite par M. Chevé à un ar-

Son cousin-germain, M. Aimé Paris, élève de Galin et continuateur de ses études, faisait alors des cours de mnémotechnie et de musique. Il suivit les premiers avec un si grand profit qu'il se décida, quoiqu'il n'eût guère de loisir, à suivre aussi les seconds. C'est ainsi, en 75 leçons, qu'il apprit la musique méloplastique. Mais ce n'est qu'en 1844, deux ans après la mort de Wilhem qu'il se voua exclusivement à l'enseignement et à la propagation des idées musicales de Galin.

L'une de ses brochures, le *Coup de grâce à la routine musicale* [1], contient le récit détaillé des démarches qu'il entreprit personnellement pour faire substituer à la méthode Wilhem la méthode Galin-Paris-Chevé. Sentant bien que c'était à Paris, et à l'hôtel de ville, qu'il fallait vaincre, il ne cessa de demander que des épreuves comparatives fussent faites entre sa méthode et l'ancienne, qui avait été déjà éprouvée tant de fois [2].

La première demande de concours est datée du 6 janvier 1845; il fut répondu, le 14 juillet, sur le rapport de la commission du chant, qu'il n'y avait pas lieu à de nouvelles épreuves de la méthode Wilhem. Une seconde demande faite tout aussitôt, le 8 juillet 1845, n'obtint pas de réponse.

---

ticle de critique de M. Adrien de la Fage. (V. le journal *l'Orphéon*, du 15 novembre 1859.)

[1] Brochure datée du 13 janvier 1851, et écrite à l'occasion d'un nouveau rapport de la commission spéciale de surveillance de l'enseignement du chant dans les écoles communales de la ville de Paris, du 9 août 1850.

[2] « Ces défis, dit M. Fétis (sect. I, ch. IX de son ouvrage déjà cité), sont toujours faits sous de certaines conditions destinées à fausser le jugement que le public en pourrait porter. Ainsi les novateurs, dont les élèves ne peuvent lire la musique notée par la notation universellement connue, demandent qu'on leur fournisse à l'avance les morceaux destinés à l'essai, afin de les transcrire dans leur système de signes; puis ils présentent aux vrais musiciens des combinaisons de signes de temps absurdes à déchiffrer, combinaisons qui n'existeront jamais dans la musique véritable, parce qu'on pourra toujours les réduire à une expression normale. Ceux qui portent ces défis se garderaient bien, par exemple, de faire écrire par des compositeurs célèbres des leçons spécialement destinées à l'essai, et qu'on placerait sur le pupitre, immédiatement après qu'elles auraient été écrites, en prenant pour juges de bons musiciens qui suivraient de l'œil sur le papier l'exécution, afin de s'assurer de l'exactitude de la lecture.

« En réalité il n'y a point de concours possible entre ceux qui connaissent la notation universelle et ceux qui l'ignorent, et qui prétendent la remplacer par une notation de convention. »

Une troisième, faite le 6 avril 1847, n'en reçut pas davantage. M. Chevé y disait :

..... « 1° Je m'engage à démontrer, *par expérience comparative*, qu'à temps égal, et dans des circonstances identiques, je ferai *dix lecteurs*, contre la méthode Wilhem *un*.

« 2° La majorité de mes élèves écrira sous la dictée un air vocalisé, et cela dans le ton et avec la clef que l'on voudra ; une très-faible minorité n'y arrivera même pas par la méthode Wilhem.

« 3° Tous mes élèves apprendront à enchaîner les faits musicaux d'une manière logique, en rattachant chaque effet à sa cause ; le contraire se présentera constamment pour les élèves de la méthode Wilhem.

« 4° Je passe sous silence l'enseignement de l'harmonie, que la méthode Wilhem n'a jamais eu et n'aura jamais la prétention de mettre sur son programme. Je m'engage cependant à enseigner cette science à mes élèves, en sus du reste. »

Il ne fut pas non plus répondu à une quatrième demande faite le 25 septembre 1847 ; mais, pour que la question ne parût pas négligée par la Ville, la commission du chant fit un nouveau rapport. M. Chevé, avec son incontestable mérite personnel, avait recruté des élèves et des adhérents ; il faisait du bruit, il donnait à ses réclamations une couleur et un accent d'opposition qui intéressaient bien des esprits à sa cause. On ne pouvait donc se borner à répondre toujours par un arrêté de non-lieu. Le mal est qu'on n'ait pas dès lors publié une réfutation vigoureuse de ses arguments. Il est vrai qu'alors les principaux personnages de l'art musical n'avaient pas été mis en cause par lui et injuriés, et il ne s'agissait que de Wilhem qui n'était plus. D'ailleurs on commençait à sentir le sol trembler sous le pied : c'était peu de temps avant la révolution de 1848, et toute opposition était à craindre.

M. Chevé, le 15 janvier 1848, adressa au préfet de la Seine une cinquième demande de concours, et en même temps proposa qu'il fût fait (c'était le style du jour) « une enquête sévère sur la moralité des directeurs de l'Orphéon et des membres de la commission du chant. »

Arrive le 24 février, et tout est renversé.

M. Chevé se crut bien sûr du triomphe le plus complet. Il lança le 8 mars sa brochure *Appel à la conscience publique*, tout entière de ce ton :

« Depuis quinze ans, des refus systématiques, déterminés autant par l'esprit de corruption que *par la crainte de voir lancer dans le peuple un moyen d'émancipation de plus*, sont la seule réponse que nous ayons pu obtenir des ministres de l'instruction publique et de l'intérieur, et de l'édilité parisienne, parjure à son mandat de tutrice du peuple. »

Et, le 11 mars, il rédigea sa sixième demande.

Parmi les arguments nouveaux qui se trouvaient produits dans le texte de cette dernière demande de concours et dans la nouvelle brochure, il y avait des déclarations assez importantes en apparence. C'étaient des lettres signées, soit isolément, soit collectivement par une vingtaine de professeurs de la méthode Wilhem, qui reconnaissaient la supériorité de l'enseignement de M. Chevé. Cette démarche n'était pas spontanée, et il est facile de voir, au style tout à fait uniforme de ces déclarations, que quelqu'un se mêlait de les préparer. Mais comment les répétiteurs de la méthode Wilhem, au risque de se voir destitués par la commission municipale, avaient-ils signé ces lettres d'adhésion ; et, même avant le mouvement de février, comment se fait-il que plusieurs avaient déjà fréquenté et approuvé les cours de M. Chevé? La misère [1], le pressentiment, puis le spectacle d'une révolution, la conformité des opinions politiques, l'espoir d'un temps meilleur, expliquent aisément une démarche de ce genre chez des personnes qui, après tout, n'étaient pas toutes capables d'être des juges, et qui

---

[1] Dans un rapport fait en 1850, à la commission municipale par le comité du chant et signé par MM. Victor Foucher, Edouard Rodrigues et Demoyencourt, la question de la réforme des traitements est traitée avec quelques détails. La pauvreté des répétiteurs ne s'y trouve que trop accusée. On voit qu'alors il y avait 29 répétiteurs de chant sur lesquels 4 à 15 fr. par mois; 2 à 30 fr.; 6 à 45 fr.; 3 à 60 fr.; 5 à 75 fr.; 4 à 90 fr.; 2 à 105 fr.; 2 à 120 fr.; 1 à 135 fr.

La commission proposait de n'employer qu'un sous-inspecteur à 2,400 francs et 16 répétiteurs avec un traitement fixe de 1,500 francs, tant il était aisé de voir que la méthode officielle ne pouvait être enseignée, avec zèle, que par des personnes qui seraient sûres d'en pouvoir vivre !

voyaient dans l'exercice des leçons de Wilhem un gagne-pain chétif, et non pas un apostolat.

M. Chevé était devenu une puissance pour eux. Sa faconde leur avait fait croire que, sous son règne, qui paraissait assuré, leur sort à tous allait devenir excellent. Ils le regardaient donc déjà comme leur chef [1].

En vain, le 7 mars, leur véritable chef fut-il chargé de leur faire envisager la gravité de leur action ; en vain la commission du chant les cita-t-elle un à un devant elle pour les admonester. Ils allaient, du même pas, se plaindre chez M. Chevé de cette sévérité si naturelle, et après tout si douce. Leur chef, leurs élèves, tout leur enseignement leur devenait odieux, à mesure que gagnait du terrain le désordre qui mettait alors en péril toute la société française. C'est ainsi que dans les moments d'anarchie l'ébranlement de la politique générale atteint et désorganise jusqu'aux institutions qui ont un caractère domestique, et que tout devient, jusqu'à la question des systèmes de musique, une carrière à courir et un champ de bataille à posséder.

Les répétiteurs de la méthode Wilhem pouvaient croire aussi qu'on les avait fourvoyés dans un enseignement barbare, quand M. Chevé leur montrait les attestations qu'il recueillait de toutes parts, avec un zèle extraordinaire. Une des pièces de ce genre qu'il fit couvrir de signatures, le 25 juillet 1848, porte celles de 21 répétiteurs, et à côté celles du sous-inspecteur de chant [2], de 3 professeurs du Conservatoire, de

---

[1] Il y a aujourd'hui beaucoup à rabattre de l'importance de toutes ces démarches et de ces déclarations. L'un des principaux répétiteurs de ce temps, M. Collet, ancien élève de Choron, qui était passé avec armes et bagages dans le camp de l'école nouvelle, vient de publier (en mars 1860), une brochure qui a pour titre *Retraites prudentes de M. le docteur Chevé, maître de solfége* et qui n'a pas dû laisser d'embarrasser le maître.

[2] Une marque de l'état des esprits, c'est un rapport de ce sous-inspecteur sur les écoles municipales de chant.

Il résultait des inspections faites par lui, du 11 avril au 13 juin 1849 : 1° Que la méthode Wilhem, depuis 1835, a coûté à la ville 45,000 fr. : 2° Que les écoles contenaient au moins 27,000 enfants ; 3° Sur lesquels 5,680 apprenaient le chant ; 4° Desquels (en 110 écoles), 4,224 n'avaient pas dépassé le tableau 28 de Wilhem ; 5° Et que sur 817 enfants interrogés (dont 688 moniteurs et 425 orphéo-

2 anciens prix de Rome, de 3 lauréats du Conservatoire, de 4 compositeurs et de 20 musiciens de profession.

Malgré tous ces efforts, la seule chance favorable pour M. Chevé était passée déjà. A partir de la fin de juin 1848, la réaction commença contre tout ce qu'il y avait de mal, et aussi contre ce qu'il y avait de bien dans les idées produites au mois de février ; et, de même que l'on avait voulu tout détruire, on voulut tout réparer. A la suite de la sixième demande de M. Chevé, faite le 11 mars 1848, une expérience comparative avait été promise. Il n'en fut plus question. A la fin de l'année seulement, le 29 décembre, M. Demoyencourt lui écrivit, au nom de la commission du chant, pour lui demander, sans rien préjuger sur la question de concours, l'envoi officiel de son livre. M. Chevé l'envoya le 2 janvier 1849, non sans insister pour le concours, et ne remettant le livre que comme pièce à l'appui de ses demandes. Peu après il s'informe ; on lui répond que le gouvernement étant changé de nouveau (c'est probablement quand l'Assemblée constituante fut remplacée par l'Assemblée législative), il lui fallait faire une nouvelle proposition. Tout autre se serait lassé : M. Chevé fit sa huitième demande le 19 novembre 1849. Il ne fut pas plus heureux cette fois que les autres, et il comprit enfin que ni à l'hôtel de ville de Paris, ni au ministère de l'intérieur, ni au ministère de l'instruction publique, ni au Conservatoire, il ne pourrait mettre officiellement en crédit une méthode qui offrait si peu d'avantage pour tant de graves inconvénients.

En vain se fait-il écrire une nouvelle lettre en juillet 1850,

---

nistes), 156 avec moins de deux ans d'études, et 661 plus de deux ans, l'examen roulant sur 4 airs écrits en clef de sol, 2ᵉ ligne, 2 en *ut*, 1 en *sol*, 2 en *fa*,

180 n'ont pu rien lire,

15 ont lu sans faute.

Ce rapport est étrange, et on le croirait demandé par M. Chevé lui-même. Il dit que 180 élèves n'ont pu rien lire et que 15 ont lu sans faute. Comme on en a interrogé 817, il reste 622 élèves qui, selon toute probabilité, ont lu passablement. C'est ce que ne fait pas ressortir M. le sous-inspecteur.

M. Chevé n'a eu garde d'oublier une si belle pièce, rédigée par un agent officiel, dans sa terrible brochure du *Coup de grâce*. Mais il n'a pas dit que le sous-inspecteur était un homme nouveau, placé seulement depuis 1848.

par les répétiteurs de la méthode Wilhem, pour attribuer les bons résultats de leur enseignement à la pratique des exercices d'intonation de Mme Chevé, en vain jette-t-il de nouvelles injures à l'œuvre de Wilhem, ne lui reconnaissant « plus d'autre refuge [1] contre le mépris général que le comptoir de l'épicier ; » en en vain affirme-t-il qu'à chaque leçon ses élèves lisent sur la portée et sur toutes les clefs ; en vain montre-t-il que dans sa méthode il y a quatre-vingts pages d'exercices écrits sur la portée avec les huit clefs dans tous les tons, et quarante pages sur la théorie de la portée et tout ce qui s'y rattache, l'*école du chiffre* est, sans retour possible, écartée par un dernier rapport de la commission du chant.

Ce rapport, rédigé par M. Héquet, est du 9 août 1850 [2].

Après avoir expliqué pourquoi la méthode Chevé n'est pas acceptable, le rapporteur ajoute :

« La commission n'a point à examiner si, pour les écoles communales de la ville de Paris, le mode d'enseignement simultané serait préférable au mode mutuel. Toutefois elle

---

[1] Page 37 du *Coup de grâce*, et en d'autres endroits (p. 60, 61, 62), où l'ingratitude est plus marquée encore. M. Chevé n'aurait jamais dû oublier que Wilhem aimait le peuple autant que lui, et qu'il a servi sa cause.

[2] C'est cette pièce que M. Chevé examine ou plutôt foudroie dans son *Coup de grâce*. Comme c'est le dernier acte officiel des commissions du chant de la ville de Paris, relatif à la méthode Chevé ; nous donnons ici, ainsi que M. Chevé l'a fait lui-même, la liste des membres qui ont successivement composé ces commissions, de 1845 à 1852 :

1845. — MM. Orfila, Gide, Demoyencourt, Bessas-Lamégie, Jomard.

1846. — MM. Orfila, Gide, Demoyencourt, Bessas-Lamégie, Jomard, Pompée.

1847. — Les mêmes.

1848. — (Avant le 24 février.) MM. Orfila, Gide, Demoyencourt, Bessas-Lamégie, Jomard, Pompée, Halévy, Adam, Rodrigues.

1848. — (Après le 24 février). MM. Buchez, Garnon, Pompée, G. Héquet, Allyre-Bureau, Demoyencourt, Jomard, Ad. Adam, Halévy, Gide, Ambroise Thomas, Reber.

1849 et 1850. — MM. Victor Foucher, A. Adam, Auber, Ambroise Thomas, Carafa, Halévy, Clapisson, Onslow, Reber, Zimmermann, Ermel, Barbereau, Rodrigues, Gide, G. Héquet, Jomard, Boulet, Demoyencourt.

1852. — MM. Auber, Barbereau, Bazin, Carafa, Clapisson, Demoyencourt, Ermel, l'abbé Flandrin, Vict. Foucher, Halévy, Jomard, Ch. Merruau, Meyerbeer, Édouard Monnais, Niedermeyer, Perier, Edouard Rodrigues, Amédée Thayer, Ambroise Thomas, Varcollier, Gounod, J. Hubert.

ne terminera pas sans faire observer que la méthode Chevé n'est applicable que par le mode simultané. »

M. Chevé proteste et dit que rien n'est aisé comme d'enseigner sa musique chiffrée par le mode mutuel, mais il a soin de faire remarquer que l'enseignement mutuel est absurde. On comprend sans peine que son rôle de concurrent l'oblige à combattre en tout son adversaire, et dans le principe, et dans les procédés, et dans l'application. M. Chevé ajoute que l'enseignement mutuel est, du reste, à peu près abandonné.

Cela est possible, et, en ce temps de réaction contre tout ce qui porte une empreinte ancienne, il n'y a pas à s'étonner qu'on ait renoncé à un mode d'enseignement qui ne relevait pas directement du nouveau système de gouvernement et de ses agents nouveaux ; mais que l'on enseigne la musique d'une manière ou d'une autre, la méthode Wilhem, qui a été instituée particulièrement pour remplir le programme de l'enseignement mutuel et qui seule l'a rempli, est également bonne dans tous les cas, et la méthode de Galin-Paris-Chevé n'est réellement bonne dans aucun [1].

Repoussée par l'administration de la ville de Paris, l'école nouvelle a essayé de se passer du suffrage qu'elle ambitionnait le plus ; elle a même affecté de le mépriser ; elle a bruyamment défié tous ses rivaux ; elle leur a proposé de lui disputer une couronne qu'elle s'est décernée de ses propres mains en ne les voyant pas venir, et, le front couvert de ce laurier, elle a commencé à faire, une à une, le siége des principales villes de province et de plusieurs communautés religieuses. Quelques-unes se sont rendues, car il est agréable à la plupart des conseils municipaux d'avoir affaire à un homme qui, pour séduire son monde, offre à la fois, et gratuitement, sa science, son temps et ses livres. Quant aux établissements religieux, dès avant 1848, M. Chevé s'était exercé à leur plaire, sachant

---

[1] Au rapport de la commission municipale de 1850 était annexé officiellement un mémoire excellent, lu par M. Martin (de Villers), le 26 avril 1850, à l'Académie des sciences, belles-lettres et arts de Rouen. M. Martin ne nie pas plus que nous la rapidité des premiers résultats qu'obtient M. Chevé, en supprimant les difficultés de la musique, mais il explique comment ce premier succès si rapide ne conduit en définitive à rien.

bien que sous la monarchie constitutionnelle le clergé de toute robe faisait volontiers de l'opposition.

En deux dernières circonstances, le chef de l'*école du chiffre* vit s'évanouir le peu d'espoir qu'il conservait. Au mois de juillet 1855, le ministre de l'instruction publique nomma une grande commission d'enquête avant de prendre des mesures pour le règlement de l'enseignement du chant dans les établissements universitaires. Cette commission, composée de MM. Ravaisson, Pillet, Dunoyer, le prince de la Moskowa, Niedermeyer, Gounod, Halévy, Dietsch, Delsarte, Reber, d'Ortigue, Delaporte et Despretz, assista, le 22 juillet, aux exercices des élèves de M. Chevé, dans le grand amphithéâtre de l'École de médecine, et M. Chevé n'entendit plus parler d'elle [1].

C'était en ce même temps que l'Europe curieuse et savante affluait dans les salles de notre Exposition universelle. M. Chevé croyait qu'il produirait un grand effet sur le jury chargé d'examiner et de récompenser les méthodes d'enseignement, et c'est le contraire qui arriva.

Le journal *l'Orphéon*, du 1er août 1859, fait l'oraison funèbre de cette bruyante méthode et de son prophète :

« Les portes leur ont été ouvertes, y est-il dit, partout où ils se sont présentés. A Marseille, à Toulouse, à Lyon, à Narbonne, et ailleurs ; qu'est-il resté de leur enseignement ? Demandez-le aux artistes, aux élèves, aux gens du monde qui les ont écoutés, suivis et subis. Dans les quatre cents sociétés chorales de France, combien en trouverez-vous qui étudient d'après le chiffre ? Quelques-unes à peine. La propagande active de M. Chevé et de ses adeptes, depuis des années, n'a pas même pu maintenir les centres qu'elle avait créés. A l'école des Frères, rue des Francs-Bourgeois, à Batignolles, à la Chapelle, à Bercy (*les Enfants de Galin*), à Pontoise, à Rouen, à Narbonne, à Marseille, à Toulouse, à la Rochelle,

---

[1] **M.** Fortoul n'a pas droits à de bien grands éloges, comme ministre de l'instruction publique ; mais, en ce cas-ci, il n'a pu prendre sur lui d'oublier que vingt ans auparavant il avait vécu dans la familiarité de Wilhem et de Béranger. L'une des lettres de la correspondance de Béranger finit ainsi : « Fortoul prétend que Wilhem aura une statue dans la postérité. »

à Nîmes, à Brest, à Aix, à Montpellier, à Caen, au Havre, la méthode a disparu ou n'a laissé aucun résultat positif.

« L'école Chevé existe, mais ne vit pas. »

Il est vrai que M. Chevé a répondu à l'article que nous citons ; seulement la réponse est faible et la réplique a été meilleure.

Mais une ère nouvelle, à ce qu'il paraît, avait, dès le commencement de l'année dernière, commencé pour l'*école du chiffre*. Constamment repoussée à Paris, elle va trouver en Russie les appréciateurs qui lui ont manqué chez nous, et l'approbation de Saint-Pétersbourg la vengera des dédains de Paris. C'est ce qu'a fait présager la lettre que M. le comte Sollohub a écrite, le 22 mars 1859, au rédacteur de l'*Indépendance belge*. Cette lettre a eu à Paris un certain succès. M. le comte Sollohub y explique d'une façon agréable comment la musique est cent cinq fois plus simple et le chant huit cent quarante fois plus facile avec la méthode Chevé qu'avec les méthodes anciennes. M. le comte dit fort bien que le temps des ouvriers est précieux, et il ajoute, avec moins de bonheur :

« La ligne de démarcation que le chiffre ne peut pas franchir n'est-elle pas plutôt un bien qu'un mal ? Le musicien de profession n'aurait qu'à commencer à cette ligne où s'arrêterait celui qui ne peut, ne veut et ne doit pas se faire artiste. »

La réponse est si aisée, et à deux tranchants ! Eh quoi ! l'*école du chiffre* renonce donc définitivement à l'art [1]. Eh quoi ! on ne donnera au peuple qu'un enseignement de qualité inférieure qui le parquera, sans aucun espoir ni moyen d'en sortir, à côté du domaine de l'art ! Cela n'est pas une pensée française.

L'admiration de M. Sollohub, quoique peu réfléchie, fut contagieuse dans le beau monde. Le 7 juillet 1859, au commencement de l'une des réunions du soir, à l'École de médecine [2],

---

[1] M. Chevé le dit à présent en propres termes : « Nous enseignons à lire et à écrire. Nous ne voulons pas autre chose. » (*Lettre au journal* l'ORPHÉON du 15 août 1859.)

[2] Voyez le tableau de ce triomphe dans une brochure intitulée *la Méthode musicale Galin-Paris-Chevé* qui a paru tout récemment et qui est signée A. Pagès.

M. Chevé apprit à ses élèves, après leur avoir montré le mot *Victoire!* écrit en grosses lettres sur un tableau, qu'un comité de patronage s'était formé pour veiller aux intérêts et à la propagation de la doctrine nouvelle.

Les membres de ce comité sont : M. de Morny, président; Rossini, vice-président; MM. Aguado, Joachim Murat, le général de Courtigis, Olympe Aguado, Ravaisson, Magin-Marrens, Paul Dubois, Neukomm, Edouard Membrée, de Sampieri, Offenbach, Reber, Félicien David, Lefebure-Wely, Gevaert.

Il fut un temps où M. Chevé n'eût pas recherché des personnages du très-grand monde, et de la cour même, pour recommander sa méthode, un temps où il préférait à leurs noms le nom d'un rédacteur de la *Démocratie pacifique*, un temps du moins où, dans une question de musique, il n'eût pas voulu que le nom de Rossini ne fût pas le premier de tous. Mais la chose est ainsi : il faut voir ce qui en sortira. D'avance on le devine.

VIII

Survint un troisième larron. Pendant que M. Chevé usait tantôt de fureur et tantôt d'adresse pour précipiter la méthode Wilhem du haut de sa position officielle, un parti, jusqu'alors étranger au débat, commença d'agir pour son compte, et à la fin il arriva que ce ne fut ni Wilhem ni Chevé, mais le Conservatoire en personne, l'école de la grande musique, qui se chargea d'enseigner au peuple des villes et des campagnes ce qu'elle n'avait pas songé à lui apprendre autrefois.

Rien n'est plus facile à comprendre que le sentiment de jalousie que, pendant les dernières années du règne de Louis-Philippe, les professeurs du Conservatoire avaient dû éprouver au spectacle des applaudissements donnés à l'œuvre si modeste de Wilhem, et particulièrement lorsque avaient lieu ces belles séances de l'Orphéon qui attiraient plus de monde qu'un grand opéra et dont les journaux parlaient sans cesse. Ils avaient approuvé la méthode sans savoir jusqu'où irait sa fortune, et, bien qu'ils dussent s'applaudir d'un succès qui créait en France une armée de chanteurs et un peuple de *dilettanti*, ils furent désagréablement étonnés de cette vogue. Un maître de solfége et des écoliers en blouse leur semblaient chose bien chétive pour tant de bruit. Les maîtres du Conservatoire se repentirent d'avoir laissé à un particulier la gloire d'une fondation dont ils n'avaient pas deviné la grandeur, et, sans s'en rendre compte, ils conçurent l'espoir de mettre un jour la main sur tout l'établissement de la musique populaire.

Il y aurait de l'injustice à prétendre que ce fut telle autorité musicale ou telle autre qui ressentit cette envie et conçut cette espérance. Ce ne fut personne individuellement, ce fut tout le monde, au nom de l'art, au nom des traditions, pour l'honneur de la grande musique.

Personne ne conspira donc, mais chacun se sentit prêt, malgré soi, à appuyer quiconque entreprendrait de réduire l'œuvre de Wilhem à de plus humbles proportions. C'est sans doute ainsi que s'expliquent les quelques adhésions recueillies d'abord par M. Chevé dans ses premières campagnes, et le silence au milieu duquel il put soutenir son étonnante théorie de la réforme.

Quand la révolution de Février vint aider M. Chevé, on le laissa faire encore, lui et la révolution : à la fin la méthode Wilhem perdit la plupart de ses professeurs et ses meilleurs élèves. C'était le moment qu'instinctivement l'on attendait pour faire un peu son procès à cette pauvre méthode, mais pas un procès public qui eût attiré l'attention et où l'on aurait à figurer : un procès d'intérieur, entièrement administratif, et de formes aimables.

« La méthode avait faibli, disait-on ; elle ne donnait pas tous les résultats qu'on avait espérés d'elle ; c'était pourtant une fort louable institution ; avec quelques modifications elle deviendrait définitivement excellente. » Et tout doucement, pendant que M. Chevé achevait de casser la noix, le Conservatoire la lui prit et la croqua.

Encore une fois, ces mots *le Conservatoire* ne désignent ici personne, et indiquent seulement la haute classe des musiciens, ceux qui composent encore plus qu'ils n'enseignent. On laissa donc le désordre gâter l'œuvre de Wilhem. Elle résista cependant. Privée de ses meilleurs élèves, trahie par la plupart de ses maîtres, elle ne cessa de produire les mêmes fruits, partout où il y eut une école tenue encore avec quelque soin et il suffisait de rétablir partout la discipline pour voir reverdir toute sa moisson. Ce n'est pas ce qu'on fit. On changea le personnel des maîtres, mais sans le recruter, comme autrefois, parmi les meilleurs élèves de l'*Orphéon*, et de manière à ce que le feu sacré ne se retrouvât plus chez personne.

On peut reprocher à M. Hubert, à l'élève favori, au successeur de Wilhem, de n'avoir pas, après avoir recueilli son héritage matériel, déployé assez d'énergie pour défendre son héritage moral. Mieux que personne il était doué et instruit pour prouver, chaque jour et en tous ses détails, la bonté de la méthode que les uns combattaient et que les autres laissaient combattre. Il devait s'attacher à la commission municipale, ne pas lui laisser un moment pour écouter les accusations, ou du moins réfuter les mauvaises paroles et démasquer, au nom de l'idée de l'enseignement populaire, les projets de ruine cachés sous les projets de perfectionnement. Mais, abandonné par tout le monde, M. J. Hubert n'osa pas lutter contre tout le monde. Or, dans ces cas-là, celui qui ne veut pas ou ne peut pas lutter recule. Le jour donc où il fut question à l'hôtel de ville de modifier la méthode Wilhem, M. Hubert se trouva déchu avec elle. Il était à la fois, comme Wilhem, délégué général pour l'inspection de chant et directeur de l'Orphéon. Il dut cesser de diriger l'Orphéon. Quelqu'un d'ailleurs désirait une place pour un musicien distingué, M. Gounod, et sans doute en souvenir de l'*hommage d'admiration* qu'il avait autrefois inscrit sur les livres de l'école de la Halle aux Draps, M. Gounod fut chargé de diriger les assemblées orphéoniques.

Ce n'est pas tout : la commission du chant de la ville de Paris, le 5 novembre 1852, chargea le plus illustre des musiciens français, M. Halévy, d'exposer et de démontrer les principes sur lesquels est fondée la notation de la musique, ou, en d'autres termes, de faire une méthode nouvelle.

En 1845, le rapporteur de la même commission avait ainsi terminé l'un de ses mémoires [1] :

« C'est aux élèves des écoles qu'il s'agit de donner une instruction musicale simultanée, quel que soit leur nombre. Ce problème qu'on aurait dû croire insoluble, vous savez comment il a été résolu. Votre commission ne vous proposera donc aucune modification à l'admirable méthode qui a déjà produit de si beaux résultats. Quand une chose est bien, il faut la conserver avec soin; on risquerait trop de tout désorganiser en voulant améliorer. »

La commission n'était plus si prudente ; mais le Conservatoire y avait pénétré.

IX.

Nous avons donc aujourd'hui trois méthodes en présence où il n'y en avait qu'une. La ville de Paris avait tout fait pour établir la méthode Wilhem ; elle en était fière et elle avait mille raisons pour en être fière, et voilà qu'elle l'abandonne tout à coup, ainsi que l'enseignement mutuel, pour mettre en pratique le livre de M. Halévy.

M. Chevé, de son côté, affirme aussi vaillamment que jamais, et il affirmera toujours qu'il tient seul entre ses mains l'avenir musical de la France, et, quoiqu'il soit aisé de voir qu'il se trompe, sa vigoureuse attitude est si bien celle d'un prophète, que ceux qui se laissent prendre aux gestes et aux paroles sont exposés à le suivre dans l'impasse où il voudrait mener les nouvelles générations de l'Europe entière. Mais ce n'est ni de Wilhem, ni de M. Chevé qu'il s'agit maintenant. La nouvelle méthode, écrite par un maître de l'art, est sans doute un chef-d'œuvre accompli de l'art d'enseigner la musique aux grands auditoires? Pas le moins du monde, et là lecture de ce livre suffit pour qu'on puisse apprécier son insuffisance scolastique.

Comment donc faire pour arriver à un choix?

____

[1] Sur les méthodes de musique de Mme Chevé et de M. Duchemin-Boisjousse.

Demandez à M. Halévy ce qu'il pense de la méthode Chevé. Ce n'est pas la peine : vous le savez d'avance ; il la condamne en tout et pour tout. On en a la preuve dans la brochure : *Observations de quelques musiciens*. Demandez maintenant à M. Chevé ce qu'il pense des *Leçons de lecture musicale* de M. Halévy. Il vous dira de lire sa brochure : *le Dernier Mot de la science officielle* [1].

Je ne vois, pour ma part, qu'une chose bien claire dans tout ce débat de dix années : c'est que la méthode Wilhem, cette œuvre lentement élaborée, si souvent remaniée par son auteur, tant de fois victorieuse des épreuves qu'on lui imposait, est aujourd'hui encore la seule méthode qui soit véritablement capable de rendre des services à la majorité des écoles et des familles. M. Chevé ne peut, jusqu'à preuve du contraire, entrer en concurrence avec personne, et le Conservatoire, qui est institué pour un autre genre d'enseignement, n'a pas réussi, en somme, dans l'effort qu'il a fait pour profiter du trouble mis par les événements dans les écoles de la ville, et pour s'emparer de l'enseignement populaire de Wilhem.

« Le plus grand argument de M. Chevé contre la méthode Wilhem (je transcris ici un passage du Rapport de la Commission du chant, fait en 1847, au Comité central d'instruction

---

[1] Je répète ici que je n'ai eu connaissance du dernier écrit de M. Chevé qu'au moment où je n'avais plus à donner que le *bon à tirer* de ces pages. Ce n'est donc qu'en note que je puis en faire mention. Le ton de cette brochure nouvelle est beaucoup plus doux que celui des anciennes. On n'y trouve guère autre chose que le résumé de toute la polémique soutenue depuis 1844 par l'école Galin-Pàris-Chevé.

M. Chevé a aujourd'hui des patrons en haut lieu ; il peut même écrire parmi leurs noms celui de Rossini, qui veut bien s'intéresser, comme à une distraction, à ce genre d'expériences musicales. Il cite des lettres où M. Fould est appelé « Monseigneur ». Tout est bien changé, comme on le voit, dans la physionomie de la Méthode du Chiffre. Il n'y a que les arguments qui ne soient pas neufs.

M. Chevé et ses patrons demandent un concours, une comparaison. Mon humble avis est que, quelques bonnes raisons qu'il y ait pour éviter de comparer des choses d'une nature si différente, comme une culture forcée et une culture naturelle, il faudrait cependant ne pas laisser toujours se reproduire la même demande. La vérité, où qu'elle soit, ne court pas de risque à être examinée de près. On peut donc, en prenant d'avance toutes les précautions nécessaires, rédiger le programme d'une enquête sérieuse, complète et définitive.

primaire), c'est, dit-il, qu'elle ne fait pas de lecteurs, mais seulement des récitateurs.

« Plusieurs expériences démentent cette assertion.

« En juin 1839, M. Carafa, membre de l'Institut, improvise un chœur à trois parties. Les adultes de la Halle aux Draps, *au nombre de 400 au moins*, en font *immédiatement* la lecture.

« Le 28 novembre 1845, M. Zimmermann improvise une page de musique ; elle est lue par les élèves de M. Foulon.

« Le 2 décembre de la même année, M. Fétis, après avoir assisté à une leçon donnée à la Halle aux Draps à plus de 300 adultes, a écrit une page de musique fort compliquée dont les parties ont été solfiées aussitôt.

« M. Fétis en a témoigné sa satisfaction à M. Hubert.

« En janvier 1846, les orphéonistes, au nombre de 7 à 800, ont lu à première vue un chœur de M. Lefebure-Wély, en présence de l'auteur.

« Le 6 décembre de la même année, un autre chœur de M. Lefebure-Wély, à 8 parties, et le solfége en *fa* de M. Chelard, ont été lus par 8 à 900 orphéonistes, en présence de M. Orfila, notre honorable président.

« Le 21 janvier 1847, M. Adam, membre de l'Institut, a apporté le chœur des *Enfants de Paris*, qui a depuis été exécuté avec un grand succès aux réunions générales de l'Orphéon. Ce chœur a été lu par environ 500 orphéonistes.

« Enfin, le 6 de ce mois, nous avons assisté à la lecture d'un chœur à six parties de M. de Ruolz, faite à la Halle aux Draps par un grand nombre d'orphéonistes. Ce chœur a été lu avec aplomb et une grande intelligence.

« Ces diverses expériences prouvent que nos orphéonistes sont capables de lire la musique. Nous ne prétendons pas affirmer que, sur un si grand nombre d'élèves, il n'y en ait pas quelques-uns qui lisent moins bien que les autres. Sont-ils tous organisés pour la musique au même degré ? Ont-ils tous apporté la même attention aux leçons de leurs professeurs ? Et serait-il juste de s'en prendre à l'imperfection de la méthode, si tous les élèves n'arrivent point dans le même temps au même degré d'habileté ? Et d'ailleurs, combien peu suivent le cours complet ! »

Sautons par-dessus 1848 et atteignons l'époque même de la désorganisation de l'enseignement municipal du chant.

Le programme des exercices orphéoniques des 14 et 21 avril 1850 dit que « les numéros 5, 6 et 9 (des douze exercices) ont été exécutés *à première vue* par trois cents orphéonistes dans la réunion partielle du 28 février, en présence de MM. Buchez, Zimmermann, Barbereau, Ermel, Gide, G. Héquet, Demoyencourt et Boulet. »

En 1856, l'association des musiciens veut faire chanter, en actions de grâces de la naissance du fils de l'Empereur, un *Te Deum* à l'église de Saint-Eustache. Quatre-vingts orphéonistes sont réunis à la hâte, la musique des guides doit les accompagner : mais le temps manque pour une répétition générale ; on ne dispose que de cinq leçons. Au jour dit, l'exécution est irréprochable.

Or, de ces 80 élèves, et cela a été officiellement constaté, 40 n'avaient commencé l'étude de la musique vocale que le 5 novembre 1855, dans une des écoles gratuites de la ville de Paris.

Voilà des faits opposés à la principale, à la seule critique sérieuse de M. Chevé.

Au fond, l'administration de la ville de Paris et M. Halévy lui-même reconnaissent qu'il n'était pas indispensable de toucher à la méthode Wilhem.

M. Halévy dit dans sa préface : « Je m'estimerai heureux si j'ai pu continuer dignement l'œuvre de Wilhem, du fondateur de cet enseignement populaire que l'administration de la ville de Paris soutient et fortifie sans cesse. » Et la commission ne s'exprime pas autrement dans le rapport qu'elle fait sur la méthode : « Ainsi, dit le rapporteur, la féconde institution de Wilhem, rajeunie et fortifiée, mais non altérée dans ses bases constitutives, exercera dans des proportions plus larges que jamais la salutaire influence qui date de plus de trente années, et dont, pour l'avenir comme pour le passé, l'honneur devra toujours être reporté à son modeste et glorieux fondateur. »

S'il est prouvé par la seule lecture du livre de M. Halévy, et surtout par l'expérience des écoles, qu'il n'y a pas dans ces *leçons de lecture musicale* ce qui constitue une véritable méthode d'enseignement populaire, il est prouvé du même coup que la méthode Wilhem demeure ce qu'elle était : un admirable et utile instrument dont on a eu tort de suspendre et dont il faut reprendre le plus tôt possible l'usage.

Mais avant de toucher au livre de M. Halévy, on ne peut pas ne point dire encore quelques mots de l'enseignement de M. Chevé.

X.

M. Chevé est bien et dûment l'ennemi de la notation musicale vulgaire contre laquelle il faudrait qu'il eût raison cent mille fois avant d'y pouvoir changer quelque chose, et encore n'y pourrait-il faire que de bien petits changements [1].

---

[1] Voici (dans l'*Appel au pouvoir*, brochure de 1856) une agréable liste des MONSTRUOSITÉS que M. Chevé y a découvertes.

« Le changement d'alphabet avec le changement de voix ou d'instrument.

« Le changement d'alphabet avec le changement d'octave.

« Les huit formes de l'unité de durée.

« Les moitiés servant à écrire les tiers.

« La note pouvant être coupée en une moitié et un tiers.

« Les signes multiples du silence, qui est une idée simple.

« Les signes multiples de la prolongation, qui est une idée simple.

« La possibilité d'écrire la gamme enharmonique, avec un seul barreau à la portée.

« La possibilité d'écrire la même fonction avec tous les signes de la gamme enharmonique.

« La confusion, le pêle-mêle de toutes les fractions d'unités qui entrent dans la même mesure... etc., etc.

« Une écriture qui, — pour tout résumer en un mot, — a huit cent quarante manières (en dehors des doubles dièses et des doubles bémols) d'écrire tonique et dominante en deux temps ! »

La brochure qui a pour titre : *Observations de quelques musiciens et de quelques amateurs sur la méthode de musique de M. le docteur Émile Chevé* (Paris, imprimerie de J. Claye, rue Saint-Benoît, 7, octobre 1860) donne une réfutation très-piquante de ces critiques aventureuses. Nous croyons à propos de produire un

Il est bien et dûment le propagateur du chiffre, et voici pourtant ce qu'il est obligé d'avouer dans sa *trente-huitième lettre* (La *Musique*, du 7 juillet 1850) :

échantillon des désagréments de réfutation auxquels M. Chevé s'expose. Il s'agit (à la page 13) de la QUATRIÈME MONSTRUOSITÉ formulée ainsi par l'école du chiffre :

« *Il y a huit manières d'écrire l'unité de durée.* »

« RÉPONSE : Qu'est-ce que l'unité de durée ?

« On ne peut concevoir l'*unité de durée* autrement que comme une fraction invariable de temps, servant de type et de point de comparaison ; ainsi le métronome, qui règle la durée des sons dans toutes les combinaisons possibles de mesures et de notes, a pour *unité de durée* la minute.

« Mais la notation ne peut avoir, et n'a pas la prétention d'exprimer, par aucune des figures qu'elle emploie, une *unité de durée* fixe, puisque la même figure de note, dans la même espèce de mesure, a des durées variables, selon l'indication du mouvement.

« Il n'y a pas, il n'y a jamais eu dans l'écriture musicale, quoique M. Chevé l'affirme, « *de formes d'unités correspondant à des durées absolues.* » Cela n'est pas. Cette expression « *unité de durée* » (dans le sens que lui attribue M. Chevé), cette autre expression « *durée absolue,* » n'existent pas dans la nomenclature simple et vraie de la notation. Il n'y a donc ni huit, ni sept, ni six manières d'écrire l'*unité de durée* ; il n'y en a aucune, et l'on n'enseigne nulle part qu'il y a une *durée absolue.*

« Ici encore la monstruosité n'existe que dans la proposition incompréhensible et dénuée de sens de M. Chevé.

« Mais M. Chevé, dans sa langue, que nous n'admettons pas, désigne par cette expression : *unité de durée,* ce que les musiciens appellent le *temps,* c'est-à-dire ce qui n'est pas et ne peut être une *unité de durée.*

« Il est dès lors obligé d'admettre dans son écriture autant de manières d'écrire cette *unité de durée* qu'il y a de manières possibles de former un *temps* dans les différentes espèces de mesures. Cela fait bien des manières d'écrire l'unité, et voilà de nouveau M. Chevé proclamant parfait chez lui ce qu'il trouve monstrueux chez autrui, et pratiquant encore dans son écriture une *monstruosité* qu'il reproche à notre notation, alors qu'elle n'existe pas et qu'elle n'y peut exister. »

On peut lire aussi ce qui est dit (à la page 44) de ce *ton absolu* qui occupe si fort M. Chevé.

Son habitude est en effet de créer des chimères musicales contre ou pour lesquelles il guerroie avec fracas et avec constance. Le malheur est qu'au moment où il se vante de dompter les monstres, on peut lui dire que ces monstres n'existent pas. Il écrira, par exemple, pour couvrir de ridicule la pauvre notation vulgaire, que « Le *ré* bémol, plus grave, s'écrit au-dessus de l'*ut* dièse, plus aigu ! »

Les savants, dès le siècle dernier, ont déclaré, d'après les expériences faites sur un monocorde, qu'en acoustique, si *ut* ♯ est représenté par 81, *ré* ♭ ne doit l'être que par 80, et que *ré* ♭ est par conséquent plus aigu que *ut* ♯. M. Chevé n'est donc pas d'accord avec la théorie, et c'est la notation qui a géométriquement raison. Dans la pratique, l'*ut* ♯ s'exécute en musique comme une note un peu

« Tout en abandonnant le chiffre pour les instruments, je dois faire ici les observations suivantes :

« De ce que le chiffre, alphabet omnitone, convient beaucoup mieux au larynx, instrument omnitone, qu'à la flûte, à la clarinette, au basson, qui ne sont pas omnitones, s'ensuit-il qu'il ne puisse absolument pas servir pour ces instruments?— Pas le moins du monde : le chiffre, au moyen des dièses et des bémols, pouvant écrire tous les sons effectifs aussi bien que la portée, peut s'appliquer à l'écriture instrumentale ; et s'il perd alors tous ses brillants avantages omnitones, ce n'est pas parce qu'il est plus mauvais que la portée, car il parle toujours plus clairement qu'elle, mais seulement parce que l'instrument n'étant point omnitone, n'est pas en homogénéité de principe avec le chiffre, et ne peut pas, comme la voix, profiter des avantages immenses d'une écriture omnitone.

« Quand l'instrument est *solinote*, c'est-à-dire quand il ne peut produire qu'un seul son à la fois, comme la clarinette, la flûte, le basson, les instruments de cuivre, etc., le chiffre peut très-bien être employé comme écriture instrumentale.

« Quant aux instruments à cordes ou à vent, qui donnent plusieurs sons à la fois, violon, violoncelle, piano, orgue, harmonium, etc., le chiffre ne leur convient pas du tout ; il est absolument mauvais. Avec le chiffre, le lecteur aurait tantôt une ligne d'écriture, tantôt trois, tantôt quatre, tantôt six, etc. Ce qui rendrait l'écriture absolument illisible. »

Ainsi M. Chevé, propagateur de la notation chiffrée, reconnaît nettement qu'elle ne mène à rien celui qui l'emploie [1].

---

plus aiguë que *ré* ♭, mais cela tient uniquement, comme on l'a dit, à ce que les musiciens sentent que l'un a une affinité ascendante, et l'autre une affinité descendante. En vérité, *ut* ♯ $=$ *ré* ♭.

M. Chevé s'acharne ailleurs contre le triple dièze et le triple bémol. Je n'en ai pas vu, et j'aurais même quelque peine à comprendre à quoi pourraient servir et ce que pourraient signifier ces notes-là. Que je n'en aie pas vu, moi qui ne suis pas grand musicien, cela, il est vrai, est chose toute simple. Mais je crois que M. Chevé ne doit pas en avoir vu beaucoup non plus.

[1] A la page 20 de sa *Méthode vocale*, il dit même de la notation usuelle :

« Il y aurait peu de chose à faire pour rendre excellents les signes de la portée musicale ; mais pour cela il faudrait que tout le monde fût d'accord. »

Quelle est donc son ambition? D'apprendre simplement à lire au moyen d'une méthode artificielle, de même que Linné en créant son admirable méthode artificielle, ne donnait qu'une introduction à une méthode naturelle qui n'était pas trouvée alors. Mais Linné avouait qu'il ne donnait qu'une introduction, et M. Chevé a pris le rôle de destructeur sans pitié ni merci de la notation ancienne. Il a dit, il est vrai, dans ces derniers temps qu'il ne veut être qu'un maître de lecture; mais il n'a pas toujours borné là ses projets de réformateur, et, s'il veut simplement apprendre à lire au moyen de sa méthode artificielle, qu'il reconnaisse donc, une fois pour toutes, que sa notation n'est qu'un artifice d'un moment, et, on lui permettra, sans le combattre jamais, de chercher à ses risques et périls le meilleur moyen d'enseigner l'intonation des sons écrits à ceux qui ne savent pas lire et qui ne veulent que savoir lire, se condamnant d'avance à ne pas aller au delà, en musique, de la simple lecture.

Il restera démontré que, si la méthode du Méloplaste conduit à lire, plus facilement qu'aucune autre, des mélodies simples, elle ne saurait faire des musiciens, et que ceux qui, ayant peu de temps à donner à l'étude de la musique, auront commencé à l'apprendre de cette manière, ne pourront pas sortir du peu qu'ils auront appris d'abord.

Mais justement parce que les élèves des écoles populaires sont pressés d'arriver à quelques résultats, c'est de la vraie musique qu'il faut leur donner dès la première leçon qu'ils suivent.

Je ne voudrais faire tort à M. Chevé d'aucun des travaux et d'aucun des procédés qu'il revendique pour l'école du chiffre [1].

---

[1] Pour être plus exact, je le citerai lui-même en deux extraits de ses écrits. Le premier, qui est un exposé des travaux de l'École, est tiré de la page 58 de l'*Appel au Pouvoir* (1856).

« Pierre Galin, au commencement de ce siècle, a définitivement posé les bases de la science musicale, intonations et durées ; il a rendu excellent l'emploi du chiffre proposé par Rousseau pour l'intonation ; il a créé le *chronométiste*, écriture des durées, avec une telle perfection qu'il est douteux que l'avenir puisse faire mieux.

« M. Aimé Paris a créé une chose dont on n'avait même pas l'idée : la langue des durées, qui complète avec un rare bonheur le chronométiste de Galin. M. Paris

Je crois qu'il excelle dans l'art de l'enseignement. La brochure intitulée *les Égarements de la méthode Galin-Paris-Chevé* en contient l'aveu à plus d'une page. L'auteur a suivi personnellement le 121ᵉ cours public de M. Chevé.

« Je suis heureux de le proclamer, dit-il, et ne le saurais faire assez haut : dès les premières leçons, je fus étonné, enchanté, ravi ; plus de 200 élèves, la plupart appartenant à la classe ouvrière, marchaient, sans autre guide que la baguette magistrale, avec un ensemble parfait, dans l'attaque progressive de tous les intervalles diatoniques, jusqu'à l'exécution correcte de petits canons à deux, trois et quatre parties. Chaque leçon a créé une foule d'instruments précieux pour la théorie et la pratique : le *chronomériste mobile*, qui bat toutes les divisions du temps ; l'*Œdipe musical*, qui débrouille en un instant les problèmes les plus compliqués d'intonation ; etc., etc. Il professe l'idée depuis trente ans.

« Madame Émile Chevé a créé tous les exercices pratiques d'intonation et de durée qui complètent la théorie de Galin (dont ils découlent). Elle a trouvé les nouvelles bases développées dans notre *Traité d'harmonie*. Elle a créé la méthode instrumentale.

« Elle professe depuis vingt-cinq ans.

« M. Emile Chevé a rédigé, au point de vue de l'élève, ce que Galin avait rédigé pour les maîtres ; il a rédigé le *Traité élémentaire d'harmonie ;* il a composée 800 duos gradués pour exercice de lecture ; il a ajouté au travail de Galin l'origine de la gamme, la théorie complète des mesures sur la portée. Il professe l'idée de Galin depuis seize ans. »

L'autre extrait est tiré du *Coup de grâce* et indique les procédés.

« Les procédés de la méthode Galin-Paris-Chevé (procédés imprimés dans le livre condamné par la Commission) consistent en cinq choses principales :

« 1° Une théorie entièrement opposée à celle des écoles officielles, puisqu'elle a pour base le système des rapports, tandis que les Conservatoires en sont encore à leurs douze demi-tons et aux sons absolus. Cette théorie forme l'idée mère de la méthode : c'est le travail de Galin.

« 2° Plus de soixante séries d'exercices pratiques entièrement originaux, n'ayant aucune analogie avec ceux des autres méthodes, et constituant la méthode pratique de madame Emile Chevé.

« 3° Une langue des durées, que M. Honoré Chavée proclame *un Jalon planté par le génie sur la voie du progrès :* c'est le travail de M. Aimé Paris.

« 4° Une écriture différente de celle employée dans tous les livres de musique, et consistant en deux faits principaux, parfaitement indépendants l'un de l'autre : le chiffre comme signe d'intonation, et le chronomériste de Galin comme expression des durées.

« 5° Enfin, cent vingt pages d'exercices et de théorie pour mettre nos élèves en état de lire seuls et intégralement toute la musique imprimée d'après le système usuel. »

se composait toujours très-régulièrement d'exercices pratiques d'intonation et de mesure, coupés par l'exposition démonstrative des principales méthodes, à l'aide de nombreuses figures tracées instantanément sur un tableau : elle se terminait par le morceau d'ensemble solfié en chiffres par tout le monde, et l'on sortait généralement convaincu d'un progrès réel. »

Le témoin loue très-volontiers les premiers exercices d'intonation, et, parlant des grands tableaux d'exercices de l'école, il dit :

« Nous les déclarons infiniment supérieurs à tout ce que nous connaissons jusque-là, y compris même la méthode Wilhem. »

Voilà pour le bien, pour la mise en train de l'enseignement de l'école Galin-Paris-Chevé. Tous ces éloges sont mérités; mais c'est le fond de la méthode qui ne vaut rien; c'est la science enseignée qui est nulle. Au premier aspect, on est surpris et charmé. Peu à peu la surprise va s'affaiblissant et le charme cesse. A la fin, la raison porte son arrêt.

Il est inutile de reprocher une fois encore à M. Chevé le ton de sa polémique, qui lui a fait tant de tort. En aucune circonstance il n'a été moins retenu, c'est-à-dire moins habile que lorsqu'il a écrit (en novembre 1856) son *Appel au Pouvoir.— Réponse à l'effort suprême de la Routine musicale contre l'Essai d'instruction musicale à l'aide d'un jeu d'enfant*, par M. Mercadier. Ce joli essai a obtenu un succès rapide et mérité. Il est de nature à rendre des services en plus d'un cas, et surtout pour faciliter la transposition. Mais ce n'est pas là une méthode pour l'enseignement populaire, et M. Chevé n'avait pas même pour prétexte, en s'emportant comme il l'a fait, la nécessité de combattre un rival. Il s'est attiré de la part de M. Mercadier une réponse fort honnête et cependant très-vigoureuse.

Il ne faut pas non plus se montrer si entier dans sa fierté d'apôtre et de révélateur d'idées jusqu'à cette heure inconnues. M. Chevé crie au plagiat et au vol pour une virgule qu'il croit reconnaître; mais on lui a montré que ses idées, les bonnes comme les mauvaises, ne sont pas aussi nouvelles qu'il le croit. M. Collet, par exemple (dans sa dernière brochure), lui a indiqué où se trouvent quelques-unes de ces prétendues grandes découvertes dont l'école Galin-Paris-Chevé se proclame propriétaire : l'origine de la gamme majeure, le carré *ut*, *ré*, *mi*, *fa*, *sol*, le tableau des intervalles et de leurs compléments. Je nomme exprès M. Collet, puisque M. Chevé, pendant longtemps, n'a pas eu d'évangéliste plus enthousiaste.

Il est inutile aussi de s'arrêter sur ce qu'il y a de plaisant dans la partie mnémotechnique de la méthode Galin-Paris-Chevé. Comme échantillon du genre, la page 282 de la *Méthode vocale* a déjà beaucoup amusé les rieurs. La langue des durées de M. Paris, cette « grande invention » paraît avoir tout entière cette importance. Que cela soit plaisant, peu importe ; le fâcheux est qu'on peut le croire inutile.

En résumé, et toujours jusqu'à preuve bien nette du contraire, la méthode Galin-Paris-Chevé n'a vécu et ne vit encore que sur le talent personnel de M. Chevé, comme professeur public, et sur la sonorité de sa polémique.

Il ne faut pas croire que M. Chevé règne sans conteste dans le royaume des chiffres. Quelques prétendants ont voulu s'y tailler des principautés. D'autres ont essayé de mettre en usage les lettres de l'alphabet ; d'autres ont inventé des signes qui leur semblaient merveilleux ; tous enfin, à qui mieux mieux, veulent ressusciter cette *tablature* du seizième et du dix-septième siècle, qui a si longtemps retardé les progrès de la musique, et dont les musiciens se sont vengés en mettant son nom dans le vocabulaire de la langue usuelle comme celui de la chose la plus fatigante et la plus inutilement ennuyeuse qui soit [1].

---

[1] Bernardin de Saint-Pierre (Etude XI) dit que Jean-Jacques songea un moment à créer une langue chiffrée pour décrire les plantes. Il s'arrêta parce que cela ne lui donnait que des « squelettes. »

XI.

Mais laissons là l'école de la tablature. Ce n'est point son livre qui est en passe de réussir dans nos écoles, et toutes les commissions de patronage du monde ne l'y feront probablement pas entrer. Ce sont les *Leçons de lecture musicale* de M. Halévy, qui, aujourd'hui, sous prétexte de fortifier l'œuvre de Wilhem, sont chargées de la détruire. Eh bien! cette nouvelle méthode, demandez-le dans le secret de la confidence à ceux qui sont chargés de la mettre en pratique, est un instrument difficile à manier pour les maîtres; c'est, pour les élèves, une source aride d'où presque rien ne coule.

Le Conservatoire a pris possession des écoles de chant populaire; mais sa mission n'est pas là, et il n'a pas le secret de l'enseignement des enfants et des masses. C'est ainsi que nos plus distingués écrivains de l'Académie française ne seraient probablement pas de bons maîtres d'école.

La méthode de Wilhem, avec son plan particulier, ses divisions, ses exercices gradués, ses instruments de travail, ses reprises d'explications, même ses redites, est calculée pour le véritable enseignement, surtout si l'on suit le mode mutuel; et les endroits qui font sourire les musiciens délicats sont quelquefois d'heureuses inventions du maître. On ne demande à Lhomond que de bien enseigner la grammaire.

Un exemplaire des grands tableaux de Wilhem suffit pour toute une école, et il est à peine besoin d'un maître pour donner la leçon. D'école en école il suffit que passe un moniteur: la science se propage comme d'elle-même. Avec les leçons de M. Halévy, nul ne doit s'attendre ni à la même facilité, ni aux mêmes résultats, ni à la même économie de l'enseignement.

C'est sans doute ce qui étonne MM. les membres du Conservatoire et de la commission du chant de la ville de Paris; car ces *Leçons de lecture musicale* sont écrites élégamment et sont agréables et douces à lire pour quiconque a vingt ans.

Mais il ne s'agit pas des gens de vingt ans qui lisent cet ouvrage dans leur cabinet, il s'agit de nos enfants des écoles, à qui on n'a pas à apprendre la logique, mais la gymnastique de l'art.

L'œuvre de M. Halévy est un bon livre de bibliothèque, auquel sa signature donne une grande valeur. On sera aise de temps en temps d'y recourir pour y trouver, sous une forme généralement très-nette, l'expression de la vérité musicale; mais, comme quelqu'un le disait à M. Chevé : « Ceux qui savent la musique n'apprendront rien de nouveau dans le livre de M. Halévy; et, quant à ceux qui ne la savent pas, il n'y apprendront rien du tout. »

J'aime ici à citer M. Chevé. Ce livre de bibliothèque est, dit-il, p. 104 du *Dernier Mot de la science officielle* : « beaucoup moins complet que celui de Wilhem; et comme il ne renferme ni une seule idée théorique nouvelle ni un seul exercice pratique que l'on ne trouve dans Wilhem, il est impossible de comprendre en quoi et comment le livre de M. Halévy peut compléter celui de son prédécesseur. »

M. Victor Foucher, président de la commission du chant de la ville de Paris et membre de tant d'autres commissions, compagnies, corps, conférences, réunions diverses, ne prévoyait pas et n'admettra même jamais aisément qu'un livre d'enseignement signé de M. Halévy puisse ne pas valoir celui que Wilhem a si lentement travaillé.

Après avoir loué dans son rapport l'ordre des leçons de lecture et critiqué la lecture à la muette (la lecture rhythmique que tous les professeurs, chez eux, jugent excellente), M. Foucher arrive à dire :

« Le perfectionnement des méthodes est toujours l'un des derniers progrès de l'art et l'une de ses plus précieuses conquêtes. La musique aura eu cette bonne fortune rare, unique peut-être, de voir un de ses plus illustres maîtres tracer un livre élémentaire de la même main qui a écrit tant de chefs-d'œuvre dont notre pays s'honore. Du reste, si les grandes intelligences se mettent plus facilement que toutes les autres à

la portée des petites, c'est que, pour rappeler un mot cé-
lèbre, *elles abrégent* et simplifient *tout, parce qu'elles voient
tout.* »

La ville de Paris ne songera donc pas de sitôt à revenir sur
l'imprudence qu'elle a commise. Sa dignité lui semblera même
intéressée à maintenir le plus longtemps possible le nouvel enseignement. Il n'en est pas moins vrai que la méthode de
M. Halévy n'abrége et ne simplifie rien dans les écoles.

Ce livre manquait d'exercices pratiques. M. Halévy, aidé
de MM. Gounod et Bazin, en a ajouté un bon nombre à une
seconde édition. Le caractère même de ces exercices trahit
leur inintelligence de l'enseignement vulgaire. Ils multiplient
les difficultés sans les graduer ; ils ne savent pas être tout simplement et grossièrement élémentaires. On peut prendre au hasard les nᵒˢ 93, 94, 107. Wilhem est un maître qui a moins
de style, si l'on veut ; mais il savait mieux son métier, sans
doute parce qu'il s'y attachait uniquement.

XII.

La ville de Paris, dont il faut louer les efforts, même quand
elle se trompe dans les mesures qu'elle prend, va donner à
l'œuvre de l'enseignement populaire du chant, fondée par
Wilhem, une extension nouvelle, et elle ne regarde pas à l'ar-
gent pour bien faire son devoir.

Il y a ou il va y avoir 204 écoles (124 sur la rive droite,
80 sur la rive gauche de la Seine), où la musique sera enseignée. Trente-six professeurs à 1,200 francs sont chargés de six
écoles chacun. Il y a de plus six professeurs à 600 francs pour
suppléer les titulaires. Deux inspecteurs, M. Hubert (avec
ses anciens 4,000 francs de traitement et 600 francs de frais
de voiture), M. Foulon (avec 2,400 francs et 600 francs) sont
chargés de surveiller, le premier les écoles de la rive droite,
le second les écoles de la rive gauche.

Les règlements établis pour les écoles d'adultes et pour les réunions orphéoniques subsistent ; l'Orphéon seulement est divisé en deux grandes assemblées : l'une à droite, l'autre à gauche de la Seine, et il y a pour cet Orphéon divisé deux directeurs : M. Bazin et M. Pasdeloup, qui ont chacun 5,000 francs de traitement et 1,000 francs de frais de voiture.

Chaque école doit recevoir un petit orgue. Dans chaque école on distribue un exemplaire des *Exercices pratiques* de M. Halévy pour trois élèves si ce sont des enfants, et un exemplaire pour deux si ce sont des adultes, sans compter les morceaux de musique détachés qui se donnent aux réunions orphéoniques.

La libéralité est assurément bien grande, l'état-major est pompeux, et l'on ne reconnaît guère ces temps héroïques de la méthode Wilhem, où, à si bon marché, l'Orphéon donnait de si belles fêtes aux Champs-Élysées. N'importe. Le temps est aux gros traitements et aux belles places, et nous n'avons pas à nous ingérer dans les affaires de M. le préfet de la Seine et du conseil municipal de Paris. Il faut seulement que les résultats soient en proportion avec tout ce faste. On a détruit l'enseignement mutuel ; il faut que l'enseignement simultané soit plus fécond. On a remplacé la méthode Wilhem par la méthode Halévy ; il faut que la méthode Halévy fasse des miracles. Et elle n'en fait point ; elle n'en fera pas plus demain qu'hier. Mettez la grammaire de Port-Royal entre les mains des enfants de six ans, ils sauront à peine la lire ; donnez-leur un Lhomond, ils le comprendront sans peine. Wilhem a fait justement le travail élémentaire qui convient aux écoles.

Nous avons dit comment avait été créée, comment s'était développée, comment avait fructifié sa méthode ; nous avons expliqué de quelle manière elle avait été attaquée, dans quelles circonstances elle avait eu à subir les plus rudes épreuves et pour quelles raisons la ville de Paris lui avait substitué celle de M. Halévy, qui ne la remplacera pas. Toute cette longue histoire est le meilleur éloge qu'on puisse en faire et la meilleure preuve que l'on puisse donner de sa valeur réelle.

Tôt ou tard la Ville de Paris, qui était jadis si prudente, s'apercevra qu'elle a tenté, sans raison, une expérience périlleuse. On doit faire le moins d'expériences qu'il est possible en matière d'enseignement. Que ceux donc qui, en France, pratiquent la méthode Wilhem s'y tiennent fidèlement, et que ceux qui, ayant charge d'écoles populaires, ne savent laquelle des méthodes choisir, se gardent bien de ne pas la pratiquer !

Paul BOITEAU.

Mai 1860.

Paris. — Typographie de Firmin Didot frères, fils et Cie, rue Jacob, 56.

Pour paraître en septembre 1860 :

ÉTAT
DE LA FRANCE EN 1789

PAR

PAUL BOITEAU

1 volume in-8°. — Prix : 5 francs

Ce livre est la conclusion de toutes les histoires de l'ancienne
France et la préface de toutes les histoires de la France moderne.

Pour paraître en février 1861 :

HISTOIRE
DE LA
RÉVOLUTION DE JUILLET 1830

PAR

MM. CAUCHOIS-LEMAIRE ET PAUL BOITEAU

2 volumes in-8°. — Prix : 10 francs

Cet ouvrage est composé et écrit par M. Paul Boiteau, après
avoir coûté à M. Cauchois-Lemaire trente ans de recherches et
de travaux préparatoires; il a sa place marquée parmi les plus
importantes publications historiques.

Paris. — Typographie de Firmin Didot frères, fils et Cⁱᵉ, rue Jacob, 56.

www.ingramcontent.com/pod-product-compliance
Lightning Source LLC
Chambersburg PA
CBHW051635060726
47597CB00004B/1581